Die | feel good-Küche

ANGELA NOWAK · SUSANNE TRÖSTL

DIE

KÜCHE

MEDITERRANE VOLLWERTREZEPTE FÜR IHRE WOHLFÜHLFIGUR

WIEN • MÜNCHEN • ZÜRICH

*Ein Verlag der Donauland-Gruppe
im Hause Bertelsmann*

Alle Angaben in diesem Buch wurden von den Autorinnen und vom Verlag sorgfältig geprüft. Eine Garantie kann dennoch nicht übernommen werden. Eine Haftung der Autorinnen bzw. des Verlages und seiner Beauftragten für Sach-, Vermögens- und Personenschäden ist ausgeschlossen.

ISBN 3-7015-0425-3
Copyright © 2000 by Verlag Orac im Verlag Kremayr & Scheriau, Wien
Alle Rechte vorbehalten
Einbandgestaltung: Zembsch' Werkstatt, München,
unter Verwendung eines Fotos von Premium / Stock Photography
Copyright der Clip-Arts: © New Vision Technologies Inc.
Lektorat: Elisabeth Tschachler, Wien
Repros: Repro Wohlmuth, Wien
Satz: Zehetner Ges. m. b. H., A-2105 Oberrohrbach

Gesetzt nach den Regeln der neuen deutschen Rechtschreibung

Inhalt

Einleitung   8

Wie Sie sich rundum wohler fühlen mit richtiger Ernährung   10

Ausgewogene Ernährung statt einseitige Diäten   11   –   Schlankmacher: mediterran und vollwertig   11

Die *I feel good*–Nahrungsmittelhitliste   13

Gesund kochen mit Vollkorngetreide   14   –   *I feel good*–Pyramide Ernährung & Bewegung   15   –   Mediterrane Ernährung – Zaubermittel für die Gesundheit   16   – Der neue Weg zu Gesundheit, Fitness und Wohlbefinden   16   –   Keine Dick- sondern Sattmacher: Getreideprodukte und Kartoffeln   17   –   Vitamin-Push und tägliche Power mit Obst und Gemüse   18   –   Gesundheitsklassiker Tomaten   19   – Wie Sie Nährstoffverluste vermeiden   20   –   Gemüsevariationen: gekocht und als Rohkost   21   –   Tiefkühlgemüse als wertvolle Alternative   22   –   Ein Muss in der *I feel good*–Ernährung: Jogurt und andere Milchprodukte   23   – Gaumenvergnügen mit Käse   24   –   Schlankschlemmen mit Fisch   26   – Eiweiß-Kick mit Fleisch   28   –   Nicht nur ein Frühstücksklassiker: das Ei   28   – Energieschub und Balsam für die Nerven: Nüsse   29   –   Gesunde Fette für ein gesundes Herz   29   –   Wertvolles Olivenöl   30   –   Raffinesse durch Kräuter und Gewürze   33   –   Kräuterwürze auf Vorrat   33   –   Nahrung für die Seele: Desserts, Schokolade und Süßes   37   –   Gesund und lecker: Schokolade   37   – Trinken Sie sich fit und schlank   38   –   Genussmittel des Südens: Wein   39   – Frühstück bringt Power für den Tag   39

Das *I feel good*–Konzept für Ihre Wohlfühlfigur   41

Bringen Sie Ihren Fettstoffwechsel auf Trab   41   –   Essen lässt Pfunde schmelzen   41   –   Die *I feel good*–Strategie gegen unliebsame Pfunde   43

Wohlfühlrezepte zum Schlankschlemmen 46

Frühstück und Snacks

Kokos-Röst-Müsli 48
Power-Jogurt 49
Fruchtiger Hüttenkäse 49
Vitaminbomben-Salat 50
Erdbeer-Mohn-Quark-Speise 52
Quark-Frucht-Creme 52
Fit-Shake 53
Beeren-Frischkost 54
Marmelade aus Trockenfrüchten 56

Fruchtiger Vitaminaufstrich 56
I feel good–Light-Aufstrich 57
Liptauer-Light 57
Erdäpfel-Kas 58
Rohkost-Aufstrich 59
Steirische Kürbiskern-Creme 60
Griechische Knoblauch-Creme 60
Äyptisches Auberginen-
 Püree 61

Bananen-Curry 62
Oliven-Ei-Aufstrich 63
Irisches Brot 64
Fit-Brot für Eilige 64
Zwiebel-Kräuter-Brot 65
Feel good-Weckerl 66
Körndl-Brot 68
Oliven-Knoblauch-Brot 69

Salate & Dips

Kürbissalat-Orangerie 72
Fruchtiger Sommersalat 73
Salat Vitamina 74
Salat Fit & Fun 75
Spinatsalat Biogarten 76
Mediterraner
 Nudelsalat 77

Hirse-Fit-Salat 78
Weizen-Rettich-Salat 79
Französischer Linsen-
 salat 80
Salat à la Sardegna 81
Ananas-Reis-Salat 82
Avocado-Guacamole 84

Guacamole Light 84
Orientalischer Kürbis-Dip 85
Paradeisketschup 86
Santa-Fé-Pesto 88
Erdnuss-Dip 88
Gorgonzola-Dip 89
Knoblauch-Dip 89

Suppen

Kürbiscremesuppe 92
Kichererbsensuppe
 mit Spinat 93
Orientalische Jogurt-Suppe 94
Rote-Linsen-Suppe 96

Griechische Zitronensuppe 96
Spinat-Buttermilch-Supperl 97
Kalte Sommersuppe Pomodoro 98
Exotische Avocadosuppe
 on the rocks 98

Lauchsuppe mit Kresse 100
Light-Supperl
 mit Knoblauch 100
Scharfes Kartoffelsüppchen 101

Kulinarische Vorspeisen

Hausgemachte Gnocchi 104
Kürbis-Gnocchi 105
Gnocchi mit mediterraner Soße 106

Fitness-Spargel 108
I feel good–Avocado 109
Exotische Garnelen 110

Überbackene Muscheln 111
Türkische Patates 112
Patate al Pizzaiolo 113

Hauptgerichte mit Gemüse

Zucchini-Curry 116
Gefüllte Zucchini 117
Eierschwammerlgulasch 118
Blumenkohl di Napoli 118
Mediterranes Okra-Gemüse 119
Griechisches Mussaka 120
Lauchkuchen 121
Spinattorte 122
Broccoli-Mozzarella-Gratin 124
Kartoffel-Lauch-Auflauf 125

Gourmet-Gemüse-Pizza 126
Strudelteig hausgemacht 128
Vitaminmix-Strudel 129
Gemüse-Couscous 130
Kürbis-Kartoffel-Strudel 132
G'sunde Spinat-Palatschinken
 (Pfannkuchen) 133
Risotto con verdura 134
Kartoffelpizza al Tonno 136
Spinat-Risotto 137

Kürbis-Reis-Pfanne 138
Okra-Reis-Gratin 139
Hausgemachte Nudeln 140
Griechische Jogurtnudeln 141
Mediterrane Nudeln mit
 Mozzarella & Oliven 141
Nudel-Gemüse-Frittata 142
Hüttenkäse-Nudelauflauf 143
Topfen-Lasagne 144
Vollkorn-Gemüse-Lasagne 145

Hauptgerichte mit Geflügel und Fleisch

Griechisches Zitronen-
   Knoblauch-Huhn 148
Hühnchen cacciatore 149
Französisches Huhn aux
   légumes 150
Bunter Hühner-Reis-Auflauf 151

Geschnetzeltes mit Pute 152
Foie de volaille
   (Geflügelleber) 153
Mediterraner Kalbfleischtopf 154
Kalbsschnitzel in Zitronen-
   soße 156

Französisches Rindsragout 157
Exotisches Schweinefleisch
   im Wok 158
Lammcurry mit Sommer-
   gemüse 160
Marokkanisches Lamm 161

Hauptgerichte mit Fisch und Meeresfrüchten

Forelle auf Gemüsebett 164
Folienforelle mit würziger
   Kapernsoße 165
Kabeljau mit Gemüsesoße 166
Makrelen à la Provence 167
Rotbarbe mit Zitronengras 168
Seezunge auf Mangold 169

Lasagne mit Thunfisch 170
Thunfischsteaks 171
Shrimps mit Ingwer und
   Gemüse 172
Sizilianischer Meeres-
   früchtetopf 173
Bunte Paella 174

Mediterrane Fettuccine 176
Haifisch con Piselli 177
Spagetti alle vongole 178
Kalamari ripieni
   mit 2 Füllungen 179
Japanische Reishäppchen:
   Sushi 181

Beilagen

Türkischer Spinat mit Joghurt 184
Spanischer Spinat
   mit Pinienkernen 185
Römischer Mangold 186
Chinesischer Spinat
   mit Ingwersoße 187

Gerösteter Knoblauch
   mit Broccoli 188
Griechische Bohnen 188
Gebackenes Kartoffel-
   Kürbis-Püree 189
Caponata 190

Peperonata 190
Sesam-Kartoffeln 192
Knoblauch-Kartoffeln 192
Kartoffelpüree-
   Variationen 193

Die Krönung Ihres Menüs: Desserts

Erdbeeren mit Zitronen-
   Himbeer-Sirup 196
Sesam-Birnen 196
Kürbiscreme 197
Apfelmus 198
Obst-Vitaminbombe 198
Himbeeren auf Weinschaum-
   soße 199
Datteln mit Quarkfülle 199
Gratin mit bunten Früchten 200
Maiscreme-Dessert 200

Bananen-Pudding 201
Früchte-Milchreis 202
Beeren-Quark-Creme 204
Quarkbällchen auf Erdbeersoße 204
G'sunder Kaiserschmarren 205
Topfen-Palatschinken
   (Quark-Pfannkuchen) 206
Fitness-Bananen-Gratin 207
Vollkornbrot-Pudding 208
Bananen-Kokos-Napfkuchen
   (Guglhupf) 209

Pflaumenkuchen
   (Zwetschkenkuchen) 210
Quark-Frucht-Torte 211
Orangenkuchen 212
G'sunde Karotten-Nuss-
   Torte 213
Italienischer Panettone 214
Mohnkuchen 216
Waldviertler Mohnzelten 217
Schoko-Frucht-Fondue 218
Schoko-Rum-Stangen 220

Einleitung

Die I feel good–Küche: leckere gesunde Gerichte essen und damit zur Wohlfühlfigur kommen.

Liebe Leserinnen und Leser,
I feel good – dieses Lebensmotto soll sich auch in *Ihrer* Ernährung widerspiegeln: schmackhafte Speisen mit allen Sinnen genießen, Freude am Essen haben, sich mit dem eigenen Körpergewicht wohl fühlen, gute Laune verspüren und sich körperlich und geistig fit fühlen. Wie Sie sich mit der richtigen Ernährung und einem individuellen Bewegungsprogramm Tag für Tag besser und vitaler fühlen können – dieses Geheimnis wurde Ihnen bereits im Erfolgsbuch „Das *I feel good*–Geheimnis" offenbart. Die praktische Umsetzung der darin beschriebenen Ernährungstipps in Ihrer Küche erfahren Sie nun im vorliegenden Kochbuch mit 159 köstlichen Rezepten zum einfachen Nachkochen – geeignet ebenso für Koch-Einsteiger/innen wie für versierte Kochprofis.

Sie möchten leckere, gesunde Gerichte essen und dabei Ihre Wohlfühlfigur erreichen bzw. dauerhaft halten? Ihr Ziel für persönliches Wohlbefinden lautet „fit und agil" anstelle von „dick und träge"? Unsere Wohlfühlrezepte zum Schlankschlemmen weisen Ihnen den Weg zu Ihrem neuen „Ich".

Von zahlreichen begeisterten Leser/innen des Buches „Das *I feel good*–Geheimnis" wurde ich – Angela Nowak – darauf angesprochen, *welche Gerichte* ich denn nun bei meiner erfolgreichen Gewichtsreduktion von 25 kg Körpergewicht täglich zu mir genommen habe und was ich seitdem esse, um dieses Gewicht zu halten. Nun, in diesem Kochbuch werden Sie vertraut gemacht mit einer Auswahl meiner Lieblingsspeisen, wobei aber auch für Fleischliebhaber – ich bin Ovo-Lacto-Vegetarierin – leckere Gerichte vorgestellt werden. Vielleicht werden dann auch *Sie* angenehm überrascht feststellen, dass gesunde Ernährung keineswegs fade schmecken muss und sich die Lust am Essen mit dem Ziel des Erreichens Ihrer individuellen Wohlfühlfigur durchaus verbinden lässt!

Der Gedanke an einen knackigen griechischen Bauernsalat, leckere Fischgerichte aus der Provence, Pasta aus Italien oder eine französische Käseplatte mit süßen Trauben weckt sicherlich bei vielen Leser/innen wundervolle, südländische Urlaubserinnerungen. Der Genuss von einem Glas Rotwein oder einem fruchtigen Dessert – wie beispielsweise unser Rezept „Himbeeren auf Weinschaumsoße" von

Seite 199 – in gemütlicher Atmosphäre ergänzten vielleicht so manche Schlemmermahlzeit im sonnigen Süden. Unsere köstlichen Rezepte garantieren Ihnen kulinarischen Genuss *ohne* Verzicht! Mit dem *I feel good*–Ernährungskonzept essen Sie sich kreuz und quer durch die gesunde Mittelmeerküche und kombinieren diese kulinarische Reise mit einheimischen Spezialitäten.

Wir haben uns das gemeinsame Ziel gesetzt, dass auch *Sie* Ihre individuelle Wohlfühlfigur erreichen, *ohne* dabei Diät halten zu müssen.

Viel Freude beim Kochen, Essen und Genießen wünschen

Angela Nowak und Susanne Tröstl

Wie Sie sich rundum wohler fühlen mit richtiger Ernährung

Das I feel good–*Konzept: Sie entscheiden selbst, was Sie essen, und müssen auf nichts verzichten.*

Hören Sie auf Ihren Körper.

Mit einer bewussten, gesunden Ernährung, also der richtigen Auswahl lebenswichtiger Nährstoffe, Vitamine und Mineralstoffe, die wir unserem Körper über die Nahrung zuführen, können wir großteils selbst bestimmen, wie unser optisches Erscheinungsbild und unser individuelles Wohlfühlgewicht aussieht. Leser/innen des Buches „Das *I feel good*–Geheimnis" wissen bereits, dass die *I feel good*–Ernährung wirksam und vor allem mit *dauerhaftem* Erfolg Übergewicht reduzieren kann, und dabei keine herkömmliche Diät mit den damit verbundenen genüsslichen Entbehrungen ist. Vielmehr stellt die *I feel good*–Ernährung eine gesunde, genussvolle Ernährungsform dar, die *ohne* Einschränkung von Nahrungsmitteln ein ganzes Leben lang durchgeführt werden kann. Denn wohl fühlen möchte man sich schließlich zeit seines Lebens, unabhängig von Jahres- oder Urlaubszeiten, Phasen der Gewichtsreduktion oder auch von Stress belasteten Tagen. Entscheidungskriterium für Ihre Nahrungsmittelauswahl sollte jedoch immer Ihr *persönlicher Geschmack* sein – und nicht „Gebote und Verbote" selbst ernannter Ernährungsgurus! Essen soll eine lustvolle Angelegenheit sein und der Genuss im Vordergrund stehen! Beherzigen Sie den wohl am häufigsten gebrauchten Satz im Buch „Das *I feel good*–Geheimnis": *Hören Sie auf Ihren Körper!* Dann werden Sie auch die für Sie richtige Auswahl der Speisen treffen, und damit Ihren Körper mit allen nötigen Nährstoffen (Proteine, Kohlehydrate, Fette, Vitamine, Mineralstoffe, Spurenelemente) versorgen, um gesund, fit und leistungsfähig zu sein! Wenn Sie merken, dass Sie bestimmte Lebensmittel oder -kombinationen nicht dauerhaft vertragen, dann verzichten Sie besser darauf. Es gibt sie nicht: *die* richtige Ernährung für *alle* Menschen.

Ausgewogene Ernährung statt einseitiger Diäten

Eine ausgewogene Ernährung legt Wert auf Vielfalt und Abwechslung bei der Auswahl der einzelnen Nahrungsmittel, vermeidet jegliche Einseitigkeit und stellt den täglichen Bedarf an Vitaminen, Mineralstoffen und Spurenelementen sicher. Deshalb sollten Sie versuchen, Nahrungsmittel aus jeder Stufe der *I feel good*–Pyramide (siehe Seite 15) zu essen. Es gibt weder ein Lebensmittel, das alle Nährstoffe in optimaler Menge und Zusammensetzung enthält (Ausnahme: Muttermilch), noch eine Unterteilung in „gesunde" und „ungesunde" Nahrungsmittel. Ein Übermaß an Nahrung schadet sowohl Gesundheit (dies gilt auch für ein Übermaß an Vitamine!) als auch der Figur, aber mit der Devise „Vielfalt, Ausgewogenheit und Mäßigung" werden auch *Sie* Ihre Wohlfühlfigur erreichen!

Vielfalt, Ausgewogenheit und Mäßigung ist der Grundsatz gesunder Ernährung.

Schlankmacher: mediterran und vollwertig

Folgende Grafik verdeutlicht die Herkunft der gesunden *I feel good*–Ernährung, die traditionelle Gerichte und Produkte der Mittelmeerländer sowie einheimische, österreichische, vollwertige Erzeugnisse und Speisen beinhaltet:

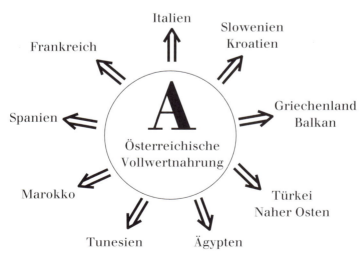

Mediterrane, vollwertige *I feel good*–Ernährung

Essen ist Vergnügen – für Leib und Seele. Setzen Sie Ihre Mahlzeiten deshalb in Szene.

Sicherlich sind auch Sie einmal in Ihrem Urlaub nach der Siesta durch idyllische enge Gässchen geschlendert, haben die fremden wohlriechenden Düfte von süßem Obst und Gewürzen aufgesogen und abends genussvoll in Antipasti, Salaten, Fisch, Gemüse, Käse und fruchtigen Obstdesserts geschwelgt. Frischen Sie doch einfach Ihre Urlaubserinnerungen auf, denn wie Sie zweifellos erfahren haben, bietet die mediterrane Küche wahrlich mehr als Pizza, Giros oder Döner Kebab! Nämlich abwechslungsreiche, schmackhafte und gesunde Gerichte, wobei jedes Land über spezifisch regionale Speisen und Spezialitäten verfügt. Gemeinsames Merkmal aller Länder – siehe o. a. sternförmige Grafik – stellt jedoch der hohe Qualitätsanspruch bei der Auswahl der Nahrungsmittel dar. Bevorzugt werden saisonale Zutaten wie zum Beispiel Obst und Gemüse, die täglich frisch auf dem Markt eingekauft werden. Ein weiterer gemeinsamer Nenner der Mittelmeerküche zeigt sich an der Freude und der Geselligkeit bei den Mahlzeiten.

Der Genuss am Essen wurde Ihnen bereits im „*I feel good*–Geheimnis" ans Herz gelegt: Essen Sie nicht nebenbei und hastig schlingend, sondern nehmen Sie sich wie die südländischen Gourmets die nötige Zeit zum Essen und zum Kochen. Genießen Sie langsam jedes Nahrungsmittel ohne schlechtes Gewissen und ohne Kalorien zu zählen. Erleben Sie mit Ihrer Zunge das Gefühl der fünf Geschmacksrichtungen: sauer, bitter, salzig, scharf und süß.

Denken Sie auch daran, dass Ihr Auge mit isst! Egal ob Sie für mehrere Personen kochen oder nur für sich selbst eine Mahlzeit zubereiten – setzen Sie Ihr Gericht in Szene! Lassen Sie Ihre Fantasie und Kreativität spielen und achten Sie bei der Nahrungsmittelauswahl auf verschiedene Farben. Kombinieren Sie zum Beispiel das Rot der Tomaten mit dem Grün von Salat oder Kräutern, dem Gelb einer Paprikaschote oder dem Weiß von Käse oder Jogurt. Essen soll immer sowohl ein optisches als auch ein schmackhaftes Vergnügen darstellen.

Die *I feel good*– Nahrungsmittelhitliste

Eine große Vielfalt an Obst, Gemüse, Salaten und Hülsenfrüchten machen die Hauptbestandteile der täglichen *I feel good*–Küche aus. Reichlich verzehrt werden ebenso stärke- und ballaststoffreiche Lebensmittel wie Getreideprodukte, Brot, Nudeln und Reis – überwiegend aus Vollkorn – sowie Kartoffeln, denn diese kohlehydratreichen Nahrungsmittel sorgen für ein lange anhaltendes Sättigungsgefühl. Milchprodukte, wie Jogurt und Käse, Fisch, Eier und gelegentlich auch Fleisch und süße Extras ergänzen den Speiseplan. Kaltgepresstes, unbehandeltes Olivenöl, welches reich an Vitamin E und einfach ungesättigten Fettsäuren ist, bildet die Hauptfettquelle. Auch auf den Genuss von Wein – hauptsächlich zu den Mahlzeiten getrunken – muss keineswegs verzichtet werden, wenngleich dieser – wie jedes andere Nahrungsmittel auch – nicht im Übermaß konsumiert werden soll.

Ernähren Sie sich abwechslungsreich.

Die vollwertige *I feel good*–Kost bevorzugt pflanzliche Produkte aus kontrolliert-ökologischem Landbau, die aufgrund ihrer geringen Schadstoffbelastung (u. a. kein Einsatz chemischer Pflanzenschutzmittel) besonders gesund sind. Lebensmittel aus biologischem Anbau enthalten im Vergleich zu solchen aus konventionellem Anbau keine Rückstände von Kunstdünger und Schädlingsvernichtungsmitteln. Um sich gesund zu erhalten oder Gewicht zu reduzieren, brauchen Sie sich jedoch nicht *ausschließlich* von Bio-Nahrungsmitteln ernähren. Passen Sie einfach Ihre Ernährungs- und Einkaufsgewohnheiten Ihrem Lebensrhythmus an: Kochen Sie einmal öko oder Nouvelle cuisine, aufwendig oder nach der „schnellen Küche". Schwelgen Sie in unserer „G'sund'n Karotten-Nuss-Torte" (Rezept Seite 213) oder genießen Sie einen Rohkost- und Salatteller. Erledigen Sie Ihre Einkäufe sowohl im Bioladen, auf dem Markt als auch im Supermarkt um die Ecke.

Achten Sie auf geringe Schadstoffbelastung der Lebensmittel.

Neben den im Mittelmeerraum üblichen Brot- und Gebäcksorten aus Weißmehl ergänzen heimische Vollkornbrote in verschiedenen Geschmacksrichtungen das Brotsortiment (probieren Sie unsere köstlichen Brotsorten wie Zwiebel-Kräuter-Brot und Körndl-Brot!). Jeder Bissen Vollkornbrot liefert Ihnen auch mehr Nährstoffe (u. a. Eisen,

Zink, Vitamin B$_6$, Magnesium), da bei Vollkornbrot im Gegensatz zu Weißbrot alle Vitamine und Mineralstoffe erhalten bleiben. Als Frühstücksvariante empfiehlt sich Vollkorn-Müsli – garniert mit frischen Früchten und Jogurt. Auch bei Nudeln und Reis sollten Sie als gesunde, schmackhafte Abwechslung zur Vollkornvariante greifen.

Gesund kochen mit Vollkorngetreide

Wie sieht es eigentlich in *Ihrem* Küchenregal aus? Reiht sich weißes Auszugsmehl neben weißen Reis und ebensolche Nudeln? Dann durchbrechen Sie alte Gewohnheiten und greifen Sie bei Ihrem nächsten Einkauf doch einmal zu Produkten aus Vollkorngetreide! Denn bei der industriellen Verarbeitung vom Vollweizen zum Auszugsmehl bleiben wichtige Nährstoffe wie der wertvolle Keim und die ballaststoffreiche Kleie auf der Strecke. Auch bei braunem Naturreis gehen die meisten Nährstoffe sowie die sättigenden Ballaststoffe (wichtig für Gewichtsreduktion!) beim Polieren des Kornes verloren – so dass beim Verzehr von einer Portion weißem Reis der gesundheitliche Nutzen sowie das natürliche Geschmackserlebnis relativ gering ausfallen.

Aus verschiedenen harten Getreidekörnern lassen sich leckere süße oder pikante Warm- und Kaltspeisen zubereiten. Damit aus trockenem Getreide eine bekömmliche Speise wird, muss dieses vor dem Verzehr in ausreichender Flüssigkeit quellen. Dazu wird das Getreide vor dem Garen in kalter, ungesalzener Flüssigkeit eingeweicht. Da sich danach im Einweichwasser wertvolle Inhaltsstoffe wie wasserlösliche Vitamine befinden, sollten Sie dieses auch zum Kochen verwenden. Salzen Sie das Getreide erst *nach* dem Garen (Ausnahme: Buchweizen, Hirse, Amaranth, Quinoa), denn durch das Salz verhärtet sich die Schale der Getreidekörner und verlängert somit die Garzeit.

Gewürze sorgen für ein besonderes Aroma und fördern die Bekömmlichkeit: Wählen Sie aus zwischen Koriander, Thymian, Majoran, Kümmel sowie der scharfen Variante Curry, Piment oder Kardamom.

I feel good–Pyramide Ernährung & Bewegung

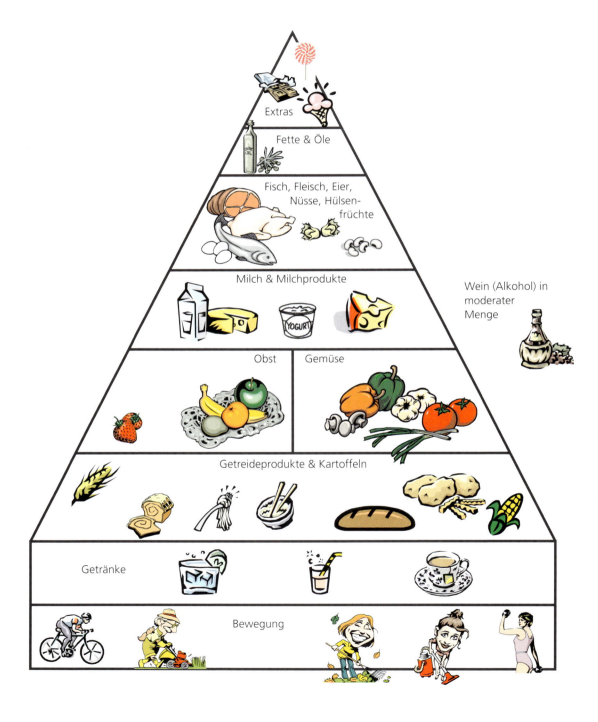

Mediterrane Ernährung –
Zaubermittel für Gesundheit

Internationale Ernährungs- und Gesundheitsexperten kamen im April 1997 in einer von der Europäischen Union einberufenen Kommission zu dem Schluss, dass die traditionelle mediterrane Ernährung zahlreiche gesundheitliche Vorteile bietet und einen Eckpfeiler bei Prävention und Behandlung von ernährungsabhängigen Krankheiten darstellt. Weiters ergab sich aus allen Untersuchungen:

Mediterrane Kost als Säule der Gesundheit.

- Die mediterrane Ernährung mit Olivenöl als Hauptfettquelle trägt zu einer Verringerung des Risikos für koronare Herzerkrankungen bei. Dies gilt für die Primär- und Sekundärprävention der koronaren Herzkrankheit und möglicherweise auch für Diabetes mellitus, Übergewicht, Krebserkrankungen und Bluthochdruck.
- Die mediterrane Ernährung senkt den LDL-Choleseringehalt.
- Der hohe Gehalt an komplexen Kohlenhydraten (Brot, Reis, Nudeln, Kartoffeln) dient zur Vorbeugung gegen Übergewicht.
- Der vermehrte Verzehr von Ballaststoffen bewirkt eine schneller und länger anhaltende Sättigung sowie eine regelmäßige Verdauung.

Der neue Weg zu Gesundheit, Fitness und Wohlbefinden

Der *I feel good*–Lebensstil setzt sich zusammen aus allen Nahrungsmitteln der *I feel good*–Pyramide, basierend auf der Grundlage von Ausgewogenheit, Mäßigung und Vielfalt plus ausreichend Bewegung und Flüssigkeitsaufnahme. Anhand der *I feel good*–Pyramide (Seite 15) werden die Hauptnahrungsmittel der *I feel good*–Ernährung ersichtlich.

Keine Dick-, sondern Sattmacher: Getreideprodukte und Kartoffeln

Knuspriges Brot wird in den mediterranen Ländern zu jeder Mahlzeit gereicht. Die Italiener bevorzugen Olivenbrote (Ciabatta, Focaccia) oder trockene Grissini, in Frankreich verzehrt man Baguettes und butterzarte Brioches, wo hingegen im östlichen Mittelmeerraum und in Nordafrika flache Fladenbrote (Pitta) in unterschiedlichen Größen und Formen gegessen werden. Vielerorts werden die Brote mit Oliven oder scharfen, würzigen Soßen garniert. Seien Sie ruhig wählerisch bei Ihrem „täglichen Brot" und probieren Sie – soferne Sie es nicht bereits tun – auch einmal Vollkornbrot, denn dieses wird aus Mehl gebacken, das alle Inhaltsstoffe – einschließlich der Keim- und Randschichten – enthält.

> *I feel good*–Tipp: Dunkles Brot muss nicht selbstverständlich Vollkornbrot sein, die Farbe entsteht auch mittels Malz- oder Lebensmittelfarbe! Suchen Sie sich einen (Vollwert-)Bäcker Ihres Vertrauens und fragen Sie ihn nach seiner Brotherstellung. Oder backen Sie Ihr eigenes Brot anhand unserer Rezepte – wie u. a. das „Fit-Brot für Eilige" von Seite 64.

In der *I feel good*–Küche werden ebenso – je nach Gusto – zu Weiß- oder Vollkornbrot Aufstriche wie Kräuterquark oder in Stangen bzw. mundgerechten Häppchen geschnittenes Gemüse mit Dip-Soße als Vorspeise oder kleiner Zwischendurch-Snack angeboten. Denn Vollkornprodukte wie Brot, Nudeln (siehe unsere köstlichen italienischen Pasta-Gerichte, „Griechische Jogurtnudeln" oder „Vollkorn-Gemüse-Lasagne", Rezepte Seite 141, 145) und Reis (u. a. für Spinat-Risotto oder Bunte Paella) sowie Kartoffeln (Gnocchi) versorgen uns mit Energie und einem lange anhaltenden Sättigungsgefühl aufgrund der darin enthaltenen Ballaststoffe (wichtiger Figurfaktor – gilt jedoch nur für die Vollkornvariante!), Vitaminen und Mineralstoffen. Kartoffeln erweisen sich als sehr nährstoffreich und figurfreundlich, wenn sie als Folienkartoffel, Salz- oder Pellkartoffel zubereitet werden. Pommes frites oder Kartoffelsalat mit Majonäse hingegen gelten zu Recht als Dickmacher.

Extra-Tipp für Nudeln: Wählen Sie aus dem riesigen Nudelangebot aus und sorgen Sie – neben dem Gaumengenuss – auch für optischen Genuss: Farfalle, Tagliatelle, Linguine, Penne, Rigatoni, Gnocchi, Tortellini, Cannelloni, Fettuccine, Makkaroni – um nur einige zu nennen.

Vitamin-Push und tägliche Power mit Obst und Gemüse

Obst und Gemüse sowie Hülsenfrüchte sollten zu jeder Mahlzeit verzehrt werden, da sie wertvolle Ballaststoffe, wichtige Vitamine, Mineralstoffe, Spurenelemente und bioaktive Substanzen – so genannte Antioxidantien, die unsere Zellen und uns vor vorzeitigem Altern schützen – beinhalten. Epidemiologische Untersuchungen bestätigen, dass der Verzehr großer Mengen Obst und Gemüse vor verschiedenen Krebsarten schützt (u. a. im Verdauungstrakt und hormonabhängige Krebsarten). Vor allem die fleischigen Gemüsesorten wie Zucchini, Auberginen, Paprikaschoten, Broccoli und Tomaten werden – nicht nur von Vegetariern – als schmack- und nahrhafte Speisen geschätzt. Auch Hülsenfrüchte, wie Bohnen oder Linsen, ergeben in Salaten, Soßen, Suppen oder in Kombination mit Reis oder Nudeln, in Aufläufen, Eintöpfen, als Püree, Brotaufstriche oder Bratlinge eine vollwertige, gesunde Mahlzeit. In Hülsenfrüchten sind nämlich wertvolle Vitamine der A- und B-Gruppe, Mineralstoffe wie Kalium, Kalzium, Phosphor und Eisen, langsam resorbierbare Kohlehydrate sowie hochwertiges Eiweiß (Vegetarier!) enthalten.

Der Verzehr von Obst und Gemüse hilft Ihnen überdies überflüssige Kalorien einzusparen, wenn Sie öfters einen frischen Obstsalat sowie ein Stück frisches Obst als Zwischenmahlzeit oder Nachtisch verspei-

Hülsenfrüchte in allen Variationen sind wertvolle Nährstoffspender.

sen und damit hochkalorische Nahrungsmittel wie Torten oder Puddings ersetzen. Bei den Hauptspeisen kann Ihre Fleischportion zu Gunsten einer größeren Gemüse- oder Kartoffelportion dafür etwas geringer ausfallen. Rohkost als Vorspeise beseitigt auch das erste Hungergefühl, weil dadurch die Produktion von Verdauungssäften angeregt wird. Wie Sie Obst und Gemüse in Ihren täglichen Speiseplan integrieren können, zeigen Ihnen folgende Tipps:

I feel good–Tipps für mehr Obst und Gemüse auf dem Speisezettel:
- Power am Morgen: Starten Sie den Tag mit einem Obstfrühstück oder einem Obst-Jogurt-Mix.
- Essen Sie als Zwischenmahlzeit Obst wie Äpfel, Orangen, Mandarinen, Datteln, Feigen oder Bananen – diese lassen sich auch einfach ins Büro mitnehmen.
- Klein geschnittenes Gemüse wie Paprika, Möhren oder Kohlrabi eignen sich ebenso als Sattmacher für zwischendurch.
- Essen Sie mittags einen großen Salatteller oder einen kleinen Salatteller plus einer großen Portion Gemüse.
- Geschnittenes Gemüse wie Radieschen, Tomaten und Gurken oder ein Rohkostteller peppen die Brotmahlzeit am Abend auf.
- Praktisch zum Mitnehmen: Ein Glas Frucht- oder Gemüsesaft schmeckt nicht nur köstlich, sondern ersetzt auch eine Portion Obst oder Gemüse.

Gesundheitsklassiker: Tomaten

Bereits vor 500 Jahren gelangte die mexikanische „Tumati" nach Süditalien und ist heute ein Muss in der italienischen – und generell mediterranen – Küche: Egal ob Spagetti mit Tomatensoße, Tomatensuppe, Tomaten und Mozarella mit Basilikum, unsere leckere „Kalte Sommersuppe Pomodoro" (Rezept Seite 98) oder unser „Paradeisketschup" (Rezept Seite 86) – der würzige Geschmack des Goldapfels („pomodoro") ist nicht mehr wegzudenken. Der hohe Stellenwert von Tomaten für die Gesundheit liegt – neben dem Vitamin-C-Anteil – im Gehalt an Antioxidantien, darunter vor allem das Carotin Lycopin. Antioxidantien schützen die Zellwände und sorgen für den Abbau von schädlichen Molekülen im menschlichen Organismus (= freie Radikale). Die britische Stiftung für Krebsforschung sieht einen klaren Zusammenhang zwischen dem Verzehr von Tomaten und einem geringen Krebserkankungsrisiko (vor allem Prostata-, Lungen- und Magenkrebs), da die Haut von Tomaten in hohen Konzentrationen die antioxidierende krebsfeindliche Substanz

Tomaten enthalten besonders viele Antioxidantien und beugen damit der Entstehung von Krebs vor.

Lycopin enthält. Diesem so genannten „Tomatenfarbstoff" gelingt es auch, jene freien Radikale, die an der Bildung von LDL-Cholesterin mitwirken, unschädlich zu machen. Den gesundheitlichen Nutzen des sekundären Pflanzenstoffes Lycopin erzielen Sie mit dem Trinken von zwei Glas Tomatensaft täglich (etwa 540 ml). Die Wirkung ist überdies bei verarbeiteten Tomaten größer als bei rohen.

Wie Sie Nährstoffverluste vermeiden

Obst und Gemüse – vor allem Blattsalate und Beerenobst – sollte grundsätzlich immer täglich frisch eingekauft werden bzw. im Gemüsefach des Kühlschrankes höchstens ein bis zwei Tage aufbewahrt werden. Nährstoffverluste bei der Zubereitung und Lagerung von Obst und Gemüse lassen sich leider nicht vermeiden, weil viele Vitamine empfindlich gegenüber Hitze, Licht und Sauerstoff (Vitamin C, B_1, B_6) sind. Zu den wasserlöslichen Nährstoffen zählen wiederum Vitamin C, B_1, B_6, Niacin, Folsäure, Mineralstoffe und wasserlösliche Ballaststoffe. Beim Verzehr von rohem Obst und Gemüse, Dünsten oder Dämpfen mit wenig Kochwasser sowie beim Verwenden der Garflüssigkeit für Suppen und Soßen bleiben Vitamine am besten erhalten.

Vorsicht vor Nährstoffverlusten:

- Schälen: Der Großteil der Vitamine sitzt knapp unter der Schale.
- Waschen: Obst und Gemüse nicht einweichen, dabei werden die Vitamine und Mineralstoffe ausgelaugt. Zur Reduzierung der Schadstoffe (Blei, Quecksilber, Cadmium) sollten Sie Produkte aus konventionellem Anbau warm waschen und danach mit einem Tuch trocken reiben.
- Zerkleinern erfolgt immer *nach* dem Waschen. Dann ist der Vitamin-C-Verlust geringer, Salat sofort mit Öl, Essig oder Zitrone mischen, denn Säure verzögert den Vitaminabbau. Salat bei *späterem* Verzehr mit Salatsoße vermischen und kühl, luftdicht und dunkel aufbewahren.
- Erhitzen: Besser dünsten oder „al dente" (mit Biss) kochen als totkochen. Garflüssigkeit für Suppen oder Soßen weiter verwenden, da darin die wasserlöslichen Vitamine enthalten sind. Dampfdruckkochtopf und Mikrowelle sind für Gemüse weniger empfehlenswert, weil es darin zu schnell zerkocht wird.
- Warmhaltezeiten: nur kurz und nicht oft aufwärmen. Spinat und rote Rüben nicht erneut aufwärmen!
- Hitzekonservierung: Kompott – relativ lange Einkochdauer mit Vitaminverlusten (C, B_1, B_6) bis zu 60 Prozent, nach 12-monatiger Lagerung nochmals 10 Prozent.

Nicht nur die Zutaten, auch die Verarbeitung ist wichtig.

- Tiefgefrieren: relativ geringe Verluste.
- Milchsäuregärung (Sauerkrautherstellung): Vitamine und Mineralstoffe bleiben weit gehend erhalten, durch Mikroorganismen (Milchsäurebakterien) kommt es zur Vitamin-B_{12}-Bildung. Sehr gut geeignet für Vegetarier, da Vitamin B_{12} ansonsten hauptsächlich im Fleisch vorkommt.
- Lagerung: *Keine* gemeinsame Lagerung von Äpfeln, Birnen, Zitrusfrüchten mit anderen Obst- und Gemüsesorten, da diese ein Reifegas abgeben, das dazu führt, dass mitgelagertes anderes Obst schneller verdirbt bzw. Kartoffeln und Zwiebeln auswachsen. Wenn Sie allerdings eine schnellere Reifung von grünen Tomaten oder Bananen erreichen möchten, dann achten Sie auf eine *gemeinsame* Lagerung. Diese nimmt auch den Zwiebeln etwas die Schärfe.
- Angeschimmeltes Obst und Gemüse kann gesundheitsschädigende Pilzgifte enthalten. Werfen Sie deshalb angefaultes und verschimmeltes Obst und Gemüse weg, ein Ausschneiden der Faulstellen ist *nicht* ausreichend.

Gemüsevariationen: gekocht und als Rohkost

Wenn der Verzehr von – gesunder – Rohkost für Sie immer mit unangenehmen Blähungen verbunden war, gibt es nun eine gute Nachricht: Nach den neuesten Erkenntnissen britischer Wissenschaftler bieten einige Gemüsesorten, darunter Spinat, Karotten und Broccoli, in gekochtem Zustand den besseren Schutz gegen Krebs und Herzkrankheiten. Denn beim Kochen werden die Zellwände im Gemüse aufgeweicht, was zu einer leichteren Nährstoffverarbeitung des Körpers führt. Wenn Sie rohe Karotten verspeisen, verwertet Ihr Körper nur drei bis vier Prozent der Kartinoide. Essen Sie hingegen gekochtes Karottenpüree, verfünffacht sich diese Menge. Bei Magenverträglichkeit erinnern Sie sich jedoch an die Devise, ausgewogen und nicht einseitig zu essen: Genießen Sie abwechselnd sowohl gekochtes als auch rohes Gemüse und besonders Salate mit kaltgepressten Ölen.

Auch gekochtes Gemüse ist gesund.

Tiefkühlgemüse als wertvolle Alternative

Wie die Bewohner der Mittelmeerländer sollten auch wir Obst und Gemüse möglichst frisch nach dem jeweiligen Tagesangebot auf dem (Bio-)Markt oder im Laden einkaufen. Wenn Sie nicht täglich die Zeit und/oder Möglichkeit haben, frisches Gemüse zu kaufen, bietet Tiefkühlgemüse eine wertvolle Alternative – denn Gemüse büßt durch eine lange Lagerzeit (einmaliger Wocheneinkauf) auch wertvolle Vitamine ein. Tiefkühlgemüse ähnelt im Geschmack, Nährwert und Aussehen, wenn es nicht mit Salz, Soße, Fett oder ähnlichen Zusatzstoffen angereichert wurde, frischem Gemüse. Viele Tiefkühlgemüsesorten sind blanchiert (2- bis 4-minütiges Erhitzen in kochendem Wasser[dampf] vor dem Tiefkühlen), wodurch sich das Volumen vermindert und ein gewisser Vitaminverlust eintritt. Dieser Vitaminverlust wird aber durch eine spätere kürzere Zubereitungszeit – im Vergleich zu rohem Gemüse – wieder ausgeglichen.

I feel good–Tipp: Lesen Sie beim Einkaufen unbedingt die Zutatenliste auf den Tiefkühlgemüse-Verpackungen und Fertiggerichten, denn oft sind sehr viel Fett, Käse-, Sahne- oder Buttersoße und Salz enthalten. Der Vergleich schützt Sie vor unnötigen Dickmachern!

Garmöglichkeiten für *I feel good*–Kochprofis:	
Backofen	Schonendes Garen, z. B. Aufläufe, Laibchen oder Kartoffeln auf Backblech garen.
Blanchieren	Gemüse oder Obst portionsweise je nach Sorte einige Sekunden bis 5 Minuten in kochendes Wasser eintauchen (Sieb) und anschließend kalt abschrecken (vermindert Qualitätsverluste).
Dämpfen	Garen durch Wasserdampf in einem gut schließenden Topf mit Siebeinsatz.
Dünsten	In wenig Flüssigkeit oder Fett (Olivenöl + 1 EL Wasser) bzw. im eigenen Saft garen – bei geringer Hitze im geschlossenen Topf.
Kochen	Garen in einem offenen oder geschlossenen Topf mit viel Wasser – Achtung: Auflösung wasser- und hitzeempfindlicher Vitamine und Mineralstoffe.
Sautieren	Fleisch, Fisch oder Gemüse in einer Pfanne (oder Wok) in minimaler Fettmenge unter ständigem Rühren bzw. Schwenken halbgar (Gemüse soll knackig sein) zubereiten.
Wasser- und fettloses Garen	Erfolgt in so genannten Sandwichboden-Töpfen (Schicht von mehreren gut leitenden Metallen) – Erhalt von Vitaminen, Mineral-, Aroma- und Farbstoffen.

Ein Muss in der *I feel good*–Ernährung: Jogurt und andere Milchprodukte

Milch- und Milchprodukte (u. a. Käse, Jogurt, Butter, Topfen bzw. Quark) liefern Eiweiß, die Vitamine B_2, B_{12}, A sowie D und sorgen durch ihren hohen Kalziumgehalt für gesunde Knochen und Zähne. So enthält ein Liter Milch rund 1200 mg Kalzium und gilt damit als der wichtigste Kalziumlieferant in der Ernährung. Rund 70% der Kalziumaufnahme stammen – laut Österreichischem Ernährungsbericht 1998 – aus Milch- und Milchprodukten. Kuhmilch beinhaltet Eiweiß, Fett, Vitamine und Mineralstoffe und sollte deshalb täglich in erster Linie als Lebensmittel und nicht als Durst löschendes Getränk eingesetzt werden. Jogurt kann man pur genießen oder für Dips und Marinaden verwenden. Bevorzugt werden in der *I feel good*–Ernährung Naturjogurts, die keinerlei Zucker oder chemische Zusatzstoffe enthalten. Wenn Sie ihren Jogurt lieber süß möchten, fügen Sie klein ge-

schnittenes Obst – Erdbeeren, Himbeeren, Bananen – dazu und würzen Sie – je nach Geschmack – mit Naturvanille oder Zimt.

Gaumenvergnügen mit Käse

Ihren täglichen Kalziumbedarf von 1000–1220 mg können Sie auch mit Käse decken, denn das Käseangebot in den Mittelmeerländern sowie in heimischen Gefilden ist überaus reichhaltig und vielfältig. Zur Auswahl stehen Käse aus Ziegen-, Schafs-, Kuh- und sogar Büffelmilch (u. a. italienischer Mozzarella). Italienfans wissen den exzellenten Geschmack eines Parmesankäses zu schätzen: Nur wenn der Hartkäse aus den Provinzen Parma und Reggio stammt, wo er noch nach den herkömmlichen Methoden produziert wird, darf er das Gütesiegel Parmigiano-Reggiano tragen. Parmesankäse sollten Sie vorzugsweise im ganzen Stück kaufen und – bei Bedarf – selbst reiben, da er aromatischer ist als bereits gerieben gekaufter Käse. Auch bei den Franzosen – die aus über 500 Käsesorten auswählen können – gehört die Käseplatte am Ende der Mahlzeit zum „savoir vivre". Österreich verzeichnet (wie Deutschland auch) – laut Österreichischem Ernährungsbericht 1998 – einen deutlichen Verbraucherzuwachs bei Käse: So lag 1997 der jährliche Käseverbrauch (inkl. Topfen) bei 15,5 kg/Kopf und damit um fast 10% höher als im Jahr davor.

Käse ist gesund und ein Genuss – aus der I feel good–Ernährung nicht wegzudenken.

Käse liefert dem Körper knochenstärkendes Kalzium, fettlösliche Vitamine und hochwertiges Eiweiß und ist deshalb aus der gesunden *I feel good*–Ernährung nicht wegzudenken. Die Angabe des Fettgehaltes erfolgt in der Trockenmasse (i. Tr.): „60% Fett i. Tr." bedeutet demnach, dass – bei Entfernung von Wasser aus dem Käse (Lagerung) – die so genannte Trockenmasse übrigbleibt. Davon sind dann 60% Fett. Frischkäse enthält aufgrund seines hohen Wassergehaltes – meistens – weniger Fett als Hartkäse. Um Ihre Wohlfühlfigur zu erreichen oder zu halten, brauchen Sie jedoch nicht ausschließlich Magermilchprodukte zu bevorzugen. Essen Sie ruhig auch die schmackhaften fetthaltigeren Jogurt- oder Käsesorten, aber schränken Sie dabei die Menge etwas ein. Die folgende Tabelle liefert einen Überblick über Käseköstlichkeiten und die Berechnung des absoluten Fettgehaltes:

Käsearten	Typische Sorten	Eigenschaften	Wassergehalt	Absoluter Fettgehalt	Passend zu
FRISCH-KÄSE	Quark (Topfen), streichfähiger Frischkäse, Mozarella, Ricotta, Feta, Cottage Cheese	Benötigt keine Reifung, erhältlich in 8 Fettstufen, wenig bis gar nicht gesalzen, leicht zu verrühren	62–81%	Fettprozent z. B. 45% × 0,3 = 13,5% Fett absolut	Vielseitig verwendbar: u. a. Pizza, Torte, Brotaufstrich, *I Feel good*-Avocado, Frischkäsesandwich, Gemüsequiche, Hüttenkäse-Nudel-Auflauf
WEICHKÄSE	Brie, Camembert, Limburger, Romadur	Weist zumeist Edelschimmel an der Schale auf, klebt am Käsemesser	52–65%	45% × 0,4 = 18% Fett absolut	Zum Überbacken von Aufläufen oder als Brotbelag
HALBFESTER SCHNITTKÄSE	Roquefort, Mondseer, Butterkäse, Österzola	Weiche Konsistenz, oft mit Wachsschicht überzogen, klebt am Käsemesser	50–60%		Zum Überbacken pikanter Gerichte
SCHNITTKÄSE	Tilsiter, Edamer, Bierkäse, Geheimratskäse, Gouda, Raclette	Feste Konsistenz	45–55%	45% × 0,5 = 22,5% Fett absolut	Als Brotbelag, für griechisches Musaka, Geflügel-Spinat-Lasagne
HARTKÄSE	Emmentaler, Appenzeller, Parmesan, Bergkäse, Cheddar	Bei Vollreife Käse brechen oder reiben statt schneiden	40% oder darunter liegend	45% × 0,6 = 27% Fett absolut	Zum Überbacken von Aufläufen, Vollkorn-Gemüse-Lasagne, Spinattorte, Lauchkuchen

Schlankschlemmen mit Fisch

„Seezunge auf Mangold", „Lasagne mit Thunfisch", „Folienforelle mit würziger Kapernsoße" – dies sind nur einige unserer schmackhaften Fischrezepte ab Seite 164, die Sie zweifellos begeistern werden. Oder fangfrischer Fisch – köstlich am Grill zubereitet, mit Olivenöl, Kräutern und Knoblauch gewürzt und dazu knuspriges Weißbrot sowie ein gutes Glas Wein – vielleicht weckt dies in Ihnen Urlaubserinnerungen an so manche lauschige Taverne im sonnigen Süden.

Doch auch in heimischen Breitengraden spielt Fisch als gesundes und vor allem leicht bekömmliches und schmackhaftes Nahrungsmittel in der *I feel good*–Ernährung eine wichtige Rolle. Seine ernährungsphysiologische Bedeutung liegt im hohen Protein- und Jodgehalt, den Vitaminen A, D, B$_2$, B$_6$ und B$_{12}$, Mineralstoffen (Phosphor, Eisen, Magnesium, Kalium) sowie seinem Gehalt an essenziellen Fettsäuren, Omega-3- und Omega-6-Fettsäuren. Die Omega-3-Fettsäuren sind von besonderer Bedeutung, da sie möglicherweise einen günstigen Einfluss auf Herz-Kreislauf-Erkrankungen haben. Neben Fisch und Leinsamen stellen Pflanzenöle eine Quelle für Omega-3-Fettsäuren dar. Probieren Sie auch einmal japanisches Sushi (siehe Rezept Seite 181) oder Sashimi – diese asiatischen kalorienarmen Fischspeisen (Hauptzutaten: roher Fisch, Reis, Gemüse, Noriblätter) erfreuen sich auch in Österreich steigender Beliebtheit. Die *I feel good*–Ernährung empfiehlt – auch aufgrund der Überfischung der Meere – nicht mehr als

Ob gegrillt, gedünstet oder roh als Sashimi – frischer Fisch schmeckt immer.

ein bis zwei Seefischmahlzeiten wöchentlich. Seefisch gilt als bester natürlicher Jodlieferant (200 g Schellfisch decken Ihren Jodbedarf von zwei Tagen), aber zur Vorbeugung von Jodmangel sollten Sie auch jodiertes Speisesalz verwenden.

Blick in Neptuns Reich

Fettgehalt		
Magerfische (Fettgehalt unter 1%)	Mittelfette Fische (Fettgehalt zwischen 1% und 10%)	Fettfische (Fettgehalt über 10%)
Barsch Kabeljau Hecht Seelachs Zander Schleie	Brasse Forelle Karpfen Rotbarsch Seezunge	Aal Hering Sardine Lachs Makrele

Die Kraft der Meere steckt nur in *frischem* Fisch

	Frischer Fisch	Alter Fisch
Haut	Glänzende Farbe Wasserklare Schleimschicht	Matte, stumpfe Farbe Milchiger Schleim
Augen	Prall gefüllt Hornhaut durchsichtig Pupillen schwarz	In der Mitte eingesunken Hornhaut trüb Pupillen grau
Kiemen	Hellrot leuchtend Kein Schleim Kiemenblättchen erkennbar	Gelblich bis grau Milchiger Schleim Verklebte Kiemen
Muskulatur	Fest – elastisch Glatte Schnittfläche Bläulich durchscheinend	Schlaffe, weiche Konsistenz Raue, grieselige Schnitt- fläche
Geruch	Unauffällig, nach Seetang	Nach Ammoniak, sauer, „fischig"

Eiweiß-Kick mit Fleisch

Mager und aus biologischer Zucht – so ist Fleisch gesund und schmeckt.

Die Hauptgerichte in den mediterranen Ländern bestehen keineswegs täglich aus Fleisch, und auch in der *I feel good*–Küche wird Fleisch eher als Beilage (ca. 100 bis 250 Gramm pro Portion) konsumiert und im Gegenzug dafür der Gemüse- und Getreideanteil der Mahlzeit erhöht. Im Fleisch stecken jedoch hochwertiges Eiweiß, Eisen und B-Vitamine (Thiamin, Niacin, Riboflavin, Vitamin B_6 und B_{12}). Die *I feel good*–Ernährung achtet – wie bei allen Lebensmitteln – auch beim Fleisch vor allem auf Qualität. Deshalb sollten Sie Fleisch nur von Tieren essen, die möglichst natürlich gehalten und gemästet werden und deren Körper nicht mit Hormonen und Beruhigungsmitteln, die unserer Gesundheit schaden, belastet ist. Achten Sie auch beim Fleischverzehr auf eine gesunde Mischung: Essen Sie – in moderater Menge – sowohl helles, weißes (u. a. Geflügel) als auch rotes Fleisch (u. a. Rind- oder Kalbfleisch) und Wurstwaren, aber bevorzugen Sie magere Sorten. Bei der Fleischzubereitung sollten Sie gesundes Garen oder Grillen anstelle von Panieren oder Frittieren bevorzugen. Für Vegetarier haben wir in diesem Buch natürlich eine Auswahl an fleischlosen, leckeren Rezepten – wie Mozzarella-Broccoli-Gratin oder Mediterranes Okra-Gemüse – zusammengestellt.

Nicht nur ein Frühstücksklassiker: das Ei

I feel good–Tipp: Machen Sie die Frischeprobe! Frische Eier sinken in Salzwasser zu Boden, alte Eier schwimmen obenauf.

Schon im „*I feel good*–Geheimnis" wurde „an egg a day" – also der tägliche Verzehr von einem Ei – für gesunde Personen befürwortet, da laut neuesten Untersuchungen das Cholesterin im Ei *keinen* Einfluss auf den Cholesterinspiegel beim Menschen ausübt. Früher als Cholesterinbombe gebrandmarkt (ein Ei enthält je nach Gewichtsklasse rund 220 Milligramm Cholesterin), avancierte dieses natürliche Lebensmittel also wieder zum Gesundheitsklassiker – und dies nicht nur auf dem Frühstückstisch. Denn im Ei stecken wertvolle Inhaltsstoffe: hochwertiges Protein, Eisen, die Vitamine B_1, B_2, Niacin und Pantothensäure sowie fettlösliches Vitamin D.

Energieschub und Balsam für die Nerven: Nüsse

In Vollkornbrot gebacken, über einen Salat oder Auflauf gestreut oder als Ergänzung zur Käseplatte – Nüsse haben nicht nur zur Weihnachtszeit Saison. Aufgrund ihres hohen ernährungsphysiologischen Wertes haben sie ihren festen Platz in der vollwertigen *I feel good*–Ernährung. Nüsse enthalten bis zu 30% Eiweiß und 40 bis 70% Fett, das überwiegend aus ungesättigten Fettsäuren besteht. Ihr hoher Gehalt an Vitaminen (B, A, E), Mineralstoffen (Eisen, Kalzium) sowie Spurenelementen (Fluor, Zink) macht sie – trotz hohem Kaloriengehalt – zu einem besonders wertvollen Nahrungsmittel.

Gesunde Fette für ein gesundes Herz

Empfehlungen von Ernährungswissenschaftlern tendieren in die Richtung, dass von einer – vor einiger Zeit noch großteils befürworteten – fettarmen Ernährung immer mehr abgesehen wird und dafür die mediterrane Küche mit ihrem hohen Anteil an einfach ungesättigten Fettsäuren vorgeschlagen wird. Vor allem in Österreich übersteigt der Verbrauch an tierischen und gehärteten pflanzlichen Fetten wesentlich den Anteil pflanzlicher Öle. Hier sollte die Gesamtfettaufnahme zu Lasten der tierischen Fette reduziert und verstärkt auf die Qualität (Gehalt an Vitaminen und essentiellen Fettsäuren) bei der Fettauswahl geachtet werden. Professor Antonia Trichopoulou, Vorsitzende des Redaktionsausschusses des European Journal of Clinical Nutrition und Direktorin des nationalen Ernährungszentrums in Griechenland, vertritt die Meinung, dass ein verhältnismäßig großer Fettanteil als Teil der Energieversorgung in einer gesunden Ernährung zu vertreten ist, wenn das Fett aus Olivenöl besteht. In Griechenland stammen rund 50% des Nahrungsfettes aus einfach ungesättigten Fettsäuren bzw. Olivenöl. Auch Professor Frank Sacks von der Harvard School of Public Health and Harvard Medical School in Boston, USA, sieht einen Zusammenhang zwischen der mediterranen Küche und einer niedrigen Rate an Herzerkrankungen. Gehärtete Fette, wie Frittierfett oder Margarine, fördern die Entstehung des „bösen" LDL-Choleseterins und tragen damit zur Erhöhung des Risikos für Gefäßerkrankungen bei. In der mediterranen *I feel good*–Ernährung werden jedoch anstelle von gehärteten Fetten bevorzugt einfach ungesättigte Fette verwendet, die das „böse" LDL-Cholesterin im Blut senken und gleichzeitig eine Erhöhung des „guten" HDL-Cholesterin bewirken, welches die Gefäße schützt.

Nicht jedes Fett ist ungesund.

Wertvolles Olivenöl

Bei den Römern hieß es „olio santo" und wurde auch als Salbe bzw. innerlich gegen Rachitis oder Nachtblindheit angewandt. Sein großer Anteil (77%) an einfach ungesättigten Fettsäuren soll auch Arteriosklerose und Herz-Kreislauf-Erkrankungen vorbeugen. Aber Gourmets schätzen dieses wertvolle Mittelmeerprodukt vor allem in einer bunten Salatschüssel oder in einer Olivenpaste zu gerösteten Brotscheiben („italienische Crostini").

Olivenöl wird aus der Olivenfrucht hergestellt, dessen Ölsäure als wichtigste einfach ungesättigte Fettsäure in der Ernährung gilt. Durch den Konsum von Olivenöl wird die Aufnahme von einfach ungesättigten Fettsäuren erhöht, wobei gleichzeitig eine angemessene Versorgung mit lebensnotwendigen mehrfach ungesättigten Fettsäuren erfolgt. Olivenöl senkt die Konzentration an „bösem" LDL-Cholesterin und sorgt für die Aufrechterhaltung des „guten" HDL-Cholesterins im Blut. Die im Olivenöl enthaltenen Antioxidantien (wie Vitamin E und Polyphenole) beugen einer Arterienverstopfung vor, verringern das Risiko für koronare Herzkrankheiten und wirken vermutlich auch protektiv gegen bestimmte Krebsarten (u. a. Brustkrebs).

Die im Olivenöl enthaltenen Antioxidantien beugen Arteriosklerose vor.

Olivenöl: ein klassischer Bestandteil der Mittelmeerküche.

Olivenöl-Qualitätsstufen		
1	OLIO EXTRA VERGINE DI OLIVA Natives Olivenöl Extra bzw. Vergine	Höchste Qualitätsklasse, es darf nicht durch Lösungsmittelextraktion gewonnen werden. Der Gehalt an qualitätsmindernden freien Fettsäuren ist auf 1% begrenzt. Wird ohne Wärmebehandlung und ohne chemische Verfahren aus den besten Oliven gewonnen. Auf dem Etikett steht „kaltgepresst" oder „nativ". Farbe: helles, zartes Grün.
2	OLIO SOPRAFFINO VERGINE DI OLIVA Feines bzw. mittelfeines Olivenöl	Die 2. Qualitätsstufe aus der nachfolgenden Pressung. Auch diese Öle werden gereinigt und gefiltert, aber nicht raffiniert. Farbe: intensives Grün. Aroma: kräftig.
3	OLIO FINO VERGINE DI OLIVA Natives Olivenöl	Hat eine etwas geringere Fruchtigkeit und eventuell minimale Geschmacksfehler. Der Gehalt an freien Fettsäuren darf nicht mehr als 2% ausmachen.
4	OLIO DI OLIVA Reines Olivenöl	Verschnitt aus raffiniertem und nativen Olivenöl. Das Raffinat darf bereits mit 1% nativem Olivenöl die Bezeichnung „Olivenöl" tragen. In der Praxis gibt es kaum Zusätze von mehr als 15%.

Merkmale von Olivenöl
• Olivenöl besteht zu 77% aus einfach ungesättigten Fettsäuren
• Olivenöl ist cholesterin- und glutenfrei
• Olivenöl enthält kein Salz
• Olivenöl enthält 1,6 mg Vitamin E pro Esslöffel
• Olivenöl ergänzt und erhöht den Geschmack gesunder Speisen wie Gemüse, Getreide, Reis, Pasta, Fisch und Fleisch

Aber Sie sollten nicht *ausschließlich* Olivenöl in Ihrer Küche verwenden. Probieren Sie auch einheimische kaltgepresste Öle mit ähnlich positiven Eigenschaften, wie Sonnenblumen-, Raps-, Kürbiskern- oder Mohnöl. Raps-, Soja-, Lein- und Walnussöl enthalten in bedeutenden Mengen die wertvolle Alpha-Linolensäure. Diese Omega-3-Fettsäure ist vor allem für die Entwicklung und Funktion von Gehirn und Augennetzhaut wichtig. Auch aus diesem Grund ist es ratsam, nicht immer die gleiche Ölsorte zu verwenden. Eine Übersicht erleichtert Ihnen die Auswahl bei Ihrem nächsten Einkauf:

KALTPRESSÖLE

Ölsorte	Inhalt	Verwendung	Haltbarkeit
Distelöl	Öl aus dem Samen der Färberdistel. Hoher Gehalt an Linolsäure, hoher Vitamin-E-Gehalt. Milder Eigengeschmack.	Passt zu Salaten und Rohkostgerichten. Nicht zu stark erhitzen.	12 Monate
Kürbiskernöl	Öl aus Kürbiskernen. Dunkelgrüne Farbe. Intensiver nussiger Eigengeschmack. Teuerstes Speiseöl. Steirische Spezialität.	Für Salate, Rohkost, Wurst-, Kartoffel-, Krautsalate. Gerichte mit Hülsenfrüchten oder Suppen nach dem Garen mit dem Öl beträufeln.	Kühl und dunkel lagern. 12 Monate
Leinöl	Öl aus dem Samen der Leinpflanze. Enthält viel Linolsäure, schmeckt intensiv und leicht bitter!	Nur für Salate und Rohkost. Nicht erhitzen – es bilden sich gesundheitsschädliche Stoffe	Im Kühlschrank aufbewahren max. 6 Monate haltbar
Maiskeimöl	Wird aus Maiskeimen gewonnen. Hoher Gehalt an Vitamin E und Linolsäure.	Geeignet als Salatöl, zu Getreide- oder Gemüsegerichten, ebenso zum Backen.	10–12 Monate
Mohnöl	Öl aus Mohnsamen. Viel Linolsäure enthalten. Intensiver Eigengeschmack.	Geeignet für Salate und Rohkost.	Aufbewahrung im Kühlschrank 8 Monate
Rapsöl	Aus der gelben Rapspflanze. Hoher Vitmain-A- und -E-Anteil	Für alle Salate, Gemüse- oder Fleischgerichte.	6 Monate
Sesamöl	Öl aus dem Samen des Sesam. Enthält viel Lezithin, Magnesium und Phosphor. Nussartiges Aroma.	Passend zu Salat und Fischgerichten, Wok.	18 Monate
Sojaöl	Öl aus den Samen der Sojabohne. Enthält Linolsäure, Ölsäure und Linolensäure.	Neutraler Geschmack, gut zum Backen, Dünsten; Salate; fernöstliche Gerichte.	12 Monate
Sonnenblumenöl	Öl aus den Kernen der Sonnenblume. Vitamin-E-reich. Fruchtiger, nussiger Geschmack.	Nicht über 160 °C erhitzen. Passend für Salate und Rohkost.	12 Monate
Walnussöl	Öl aus frischen Walnüssen. Nussiger Geschmack.	Nicht erhitzen.Schmeckt gut zu Salaten.	Aufbewahrung im Kühlschrank, 12 Monate
Weizenkeimöl	Besonders hochwertiges Öl aus den Keimlingen des Weizenkorns. Hoher Gehalt an Vitamin E.	Geeignet für Rohkost und Salate. (Auch Grundlage für kosmetische Produkte.)	8 Monate. Aufbewahrung im Kühlschrank

Raffinesse durch Kräuter und Gewürze

Frische oder getrocknete Kräuter wie Basilikum, Thymian, Salbei und Oregano sowie andere Gewürze haben ihren festen Platz in der *I feel good*–Küche, da sie den Gerichten erst ihre unverkennbare Note geben. Das kräftige Aroma frischer Kräuter bereichert Salate, Fleisch- und Fischgerichte und verleiht ihnen damit ihren eigenen, unverwechselbaren Geschmack. Kräuter und Gewürze verwandeln einfache Allerweltsspeisen in raffinierte, besondere Gerichte, denn die duftenden Pflanzen sorgen für köstliche Geschmackserlebnisse. Eine Pizza *ohne* Oregano und Thymian, Tomaten mit Mozzarella *ohne* darüber gestreutes, frisches Basilikum oder eine Suppe *ohne* Petersilie und Schnittlauch würden wohl zweifellos an Würze verlieren.

Das kräftige Aroma frischer Kräuter bereichert alle Gerichte.

Kräuterwürze auf Vorrat

Kräuter eignen sich sowohl zum Einfrieren als auch zum Trocknen. Wenn Sie sie trocknen wollen, brausen Sie die Kräuter zuerst ab, schütteln sie trocken und hängen sie anschließend an einem luftigen Ort auf. Um sie vor Staub zu schützen, stülpen Sie eine Papiertüte darüber. Nach dem Trocknen streifen Sie die Blättchen von den Zweigen und füllen diese in Schraubdeckelgläser. So können Sie sich mindestens zwölf Monate an deren Geschmack erfreuen. Sie können auch – je nach persönlichem Geschmack – würzige Mischungen zusammenstellen: Die „Kräuter der Provence" bestehen aus getrocknetem Salbei, Thymian, Oregano und Rosmarin.

DIE WICHTIGSTE MEDITERRANEN KÜCHENKRÄUTER

Pflanze	Eigenschaften	Verwendung
Basilikum	Sehr intensiver Geschmack durch die darin enthaltenen ätherischen Öle, wichtigstes Gewürz der italienischen Küche, unersetzlich für Pesto, soll auch gegen Nervosität, Schlaflosigkeit und Migräne helfen.	Passend zu Tomaten, Zucchini, Auberginen, Käse und Pastagerichten.
Garten- und Brunnen-kresse	Enthält viele Vitamine und Mineralien, daher der bittere Geschmack.	Das bitterscharfe Aroma passt zu Quark (Topfen), klaren Suppen und Fischgerichten.
Lorbeer	Blätter des Lorbeerbaums; werden nach dem Kochen entfernt.	Für Suppen, Eintöpfe, Pasta-, Fisch- und Geflügelgerichte.
Majoran und Oregano	Sind eng miteinander verwandt, Oregano ist auch bekannt als „wilder Majoran", beide Kräuter sind in der mediterranen Küche fast allgegenwärtig!	Verfeinern Wild- und Kartoffelgerichte sowie Pizza, griechische Salate, Reis-, Nudel- und Fleischgerichte.
Petersilie	Erhältlich kraus – mit mildem Geschmack – und glatt mit etwas kräftigerem Geschmack. Petersilie galt schon in der Antike als magisches Heilkraut.	Vielseitig verwendbar: Fleisch, Fisch, Muscheln, Geflügel, Suppen, Gemüse, Frischkäse …
Rosmarin	Immergrünes Kraut mit langen spitzen Blättern und blassblauen Blüten. Frisch entfacht Rosmarin ein intensives, bitterharziges Aroma.	Passt zu Tomatengerichten, dunklen Soßen sowie Lamm, Geflügel und Wildgerichten.
Rucola (Rauke)	Löwenzahnähnliche Blätter, scharfwürzig. Rucola stammt aus Italien.	Als Salat oder zum Würzen von Carpaccio oder gebratenem Fleisch, für Pastagerichte.
Schnitt-lauch	Grasartiges Lauchgewächs mit leichtem Zwiebelaroma, verwandt mit Lauch, Zwiebel und Knoblauch.	Passend für Salate, als Brotbelag, in Aufstrichen und Suppen, als Garnierung diverser Gerichte.
Thymian	Neben Majoran und Rosmarin der dritte Klassiker der Mittelmeerküche, erhältlich als Zitronen- und Orangenthymian.	Passend zu Braten, Eintöpfen, Kartoffelgerichten, Pasteten, Marinaden und Füllungen.

DIE WICHTIGSTEN MEDITERRANEN UND VOLLWERTIGEN GEWÜRZE

Gewürz	Eigenschaften	Verwendung
Aceto Balsamico Tradizionale	Qualitativ hochwertiger (Reifezeit mindestens 12 Jahre) Weinessig aus Italien, er wird aus der speziellen „Trebbianotraube" hergestellt, sirupartig, dunkle Farbe, kräftige Würze.	Sehr teuer, schmeckt sehr intensiv – daher sehr sparsam dosieren.
Aceto Balsamico	Erheblich preisgünstiger als der „Tradizionale" Balsamessig, feine Säure mit zarter Süße.	Für kräftige Vinaigretten, kalte oder warme Saucen, Risottos, Obstsalate ...
Cayennepfeffer	Hergestellt aus Chilischoten, steigert Speichelbildung und Verdauung, sehr scharfes Aroma.	Für Gulasch, Eintöpfe, Fleischspeisen etc.
Curry	Exotische Gewürzmischung aus Kurkuma, Chili, Koriander, Kreuzkümmel, Kardamom, Muskat, Nelken, Zimt, Piment, Ingwer etc.	Aromaentfaltung am besten bei Beigabe zum Anbraten, für exotische Gerichte und Saucen.
Gemüsesuppenwürfel	Fleischfreie Würze in Pulver- oder Pastenform, Alternative zum Rindsuppenwürfel, Bioprodukte enthalten keine Geschmacksverstärker.	Für alle gekochten Speisen.
Gomasio	Asiatisches Würzmittel aus Sesamsaat und Meersalz („Sesamsalz"), beachtlicher Eiweißgehalt (besonders geeignet für Vegetarier), B-Vitamine, Vitamin E, Phosphor und Eisen (2 EL Sesam = Kalziummenge von einem Glas Milch).	Tipp: Gomasio nicht mitkochen, sondern auf Salate, Aufstriche streuen (Inhaltsstoffe bleiben dadurch erhalten).
Hefeflocken	Würzaroma aus Bierhefe plus Zuckermelasse, reich an B-Vitaminen und hochwertigem Eiweiß.	Tipp: Nicht mitkochen! Auf Salate, Aufstriche und fertige Speisen streuen.
Ingwer	Scharfe Wurzel, aus der asiatischen Küche stammend, Verwendung für süße und pikante Gerichte, ist schweißtreibend und appetitanregend.	Für süße und pikante Gerichte, wie Fleisch, Fisch, Sushi, Geflügel, Gemüse, Desserts, Kuchen.
Knoblauch	Täglich eine halbe Zehe roher Knoblauch soll durch die darin enthaltene Substanz Disulfid vor Darmkrebs schützen. Wird der Knoblauch erhitzt, benötigt man die neunfache Menge.	Würzt Salate, Fleisch, Gemüse, Saucen, Suppen.

Gewürz	Eigenschaften	Verwendung
Kräutersalz	80–85% Meersalz und 15–20% Kräuter/Gemüse wie Liebstöckel, Basilikum, Majoran, Sellerie, Lauch und Rettich.	Vor Feuchtigkeit schützen, da Bio-Salz keine Zusätze zur Verbesserung der Rieselfähigkeit enthält.
Kümmel	Als ganze Körner oder gemahlen erhältlich, verdauungsfördernd und magenfreundlich.	Für Kuchen, Brote, Käse, Eintöpfe, Fleisch, Salate, Sauerkraut etc. ...
Miso	Milchsauer vergorene Paste aus Sojabohnen, Salz und meist einer Getreideart, enthält alle essentiellen Aminosäuren, wichtige Mineralstoffe und Vitamin B_{12} (Vegetarier), guter Salzersatz.	Vor allem als Grundlage für Suppen und Eintöpfe (anstelle von Gemüse- oder Fleischbrühe), Brotaufstriche, pikante Soßen, Dressings und Dips, Getreide- und Gemüsegerichte.
Muskatnuss	Samenkern des Muskatbaums, wirkt verdauungsfördernd, intensives Aroma – sparsam dosieren!	Kartoffelpüree, Cremesuppen, helle Soßen.
Obstessig	Apfel-, Himbeer-, Heidelbeer- u. v. m., Obstsaft wird zu Essig vergoren. Obstessig besitzt je nach Frucht ein ausgeprägtes Fruchtaroma und eine milde Säure.	Für Salate, zarten Blattsalat, besonders köstlich auf Obstsalat.
Pfeffer	Erhältlich als schwarzer, weißer und grüner Pfeffer.	Von Salat bis Erdbeeren ist alles mit Pfeffer zu würzen möglich.
Senf	Gelbbraune Würzpaste aus gemahlenen schwarzen und weißen Senfkörnern, Gewürzen, Essig oder Weinmost.	Wirkt als Zugabe zu fetten Speisen verdauungsfördernd, Soßen und Dressings erhalten eine pikante Note.
Sojasoße	U. a. Shoyu und Tamari, wird aus Sojabohnen durch Vergärung hergestellt.	Für Dips, Salatsoßen, Suppen, Eintöpfe, asiatische Gerichte ...
Tabasco	Roter, flüssiger Extrakt aus Chilischoten, nur tropfenweise verwenden – sehr scharf!	Veredelt scharf-pikante Gerichte und Getränke.
Vanille	Zur Familie der Orchideengewächse gehörend, echte Vanille wird in der Schale und als Pulver angeboten.	Aromatisiert Pudding, Desserts, Eis, Gebäck, Kompott, Kuchen etc.
Vollmeersalz	Salzgewinnung aus dem Meer in Salzgärten, besteht aus 95% Natriumchlorid plus Mineralien wie Kalium, Magnesium und Kaluium.	Für alle pikanten Gerichte, minimal dosiert aber auch empfehlenwert zu Süßspeisen.

Gewürz	Eigenschaften	Verwendung
Weinessig	Herstellung durch Essigsäuregärung, je länger die Essiggärung dauert, desto besser und aromatischer wird der Essig. Erhältlich als Rot- und Weißweinessig, wobei der rote einen kräftigeren Geschmack hat.	Für Salate, zum Einlegen von Früchten, Gemüse, Fisch, Wild, zum Abschmecken von Bratensoßen.
Worcestersoße	Eine flüssige, braune Essenz, bestehend aus Senf, Essig, Salz, Pfeffer, Zucker, Ingwer, Nelken, Tamarinde und anderen Gewürzen.	Eintöpfe, Ragout, Bratensoßen etc.
Zimt	Getrocknete Rinde des Zimtbaumes, als Pulver oder als Stange erhältlich.	Gebäck, Milchreis, Grießbrei, Kompott, Süßspeisen, Kuchen.

Nahrung für die Seele:
Desserts, Schokolade und Süßes

Süße Desserts, wie dicker Jogurt mit Honig aus Griechenland oder französische Cremes und Karamellspeisen, werden in den meisten Mittelmeerländern als Imbiss am Na(s)chmittag angeboten, wo hingegen als Abschluss einer Mahlzeit überwiegend nur frisches Obst verzehrt wird. Die *I feel good*–Küche bevorzugt als gesunde Nachspeise ebenso Obst in allen Variationen: klein geschnitten oder püriert, mit einer Jogurt- oder Quarkcreme verfeinert, ergänzt mit Nüssen und Getreide, als Obstsalat, Sorbet oder serviert in ganzen Früchten bzw. als ungeschwefelte Trockenfrüchte. Da es in der *I feel good*–Ernährung keine Verbote gibt, erhalten Sie in diesem Buch auch Rezepte für köstliche Kuchen und „sündige Schokoladekompositionen" (ab Seite 196). Wie häufig Sie sich solche Leckereien gönnen, bleibt Ihnen überlassen, aber denken Sie an unser Motto „Vielfalt und Mäßigung".

Vielfalt und Mäßigung gilt auch für Naschkatzen.

Gesund und lecker: Schokolade

Sie möchten ein paar überflüssige Pfunde verlieren, aber dabei *nicht* auf den Genuss von Schokolade verzichten? Sie haben bereits zahlreiche Diäten ausprobiert, aber durch die ständigen Verbote und den Verzicht auf Süßes scheiterte letztendlich Ihre dauerhafte Gewichtsreduktion? Schleckermäuler, die mit Freude das Kapitel „Schokolade" im Buch „Das *I feel good*–Geheimnis" gelesen haben, wissen bereits:

Tatsache: Schokolade schmeckt nicht nur köstlich – sie ist auch gesund.

Der Genuss von Schokolade wird keineswegs untersagt, sondern vielmehr der Weg beschrieben, wie ich – Angela Nowak – trotz Schokoladekonsum und gleichzeitiger Gewichtsreduktion meine Wohlfühlfigur erreichte und auch dauerhaft halten konnte.

Schokolade besteht jeweils zur Hälfte aus Zucker und Fett, wobei der Zuckeranteil den Serotonin-Spiegel im Gehirn anhebt, während die 50% Fett den Endorphinspiegel ansteigen lassen. Das Ergebnis: Gute Laune getreu dem Motto dieses Buches: *I feel good!*

Schokofans wussten es ja schon immer, aber nun belegen auch aktuelle Untersuchungen, dass der süße Schmelz nicht nur gut schmeckt, sondern auch gesund ist: Schokolade mindert das Infarktrisiko! Die Konzentration von Polyphenolen (verringern den Anteil von Ablagerungen in den Blutgefäßen) in Milchschokolade liegt höher als in rotem Wein sowie schwarzem und grünem Tee. Milchschokolade enthält rund zwanzig mal so viele Polyphenole – dies sind Antioxidantien, die u. a. der Vorbeugung von Herzkrankheiten und Krebserkrankungen sowie dem Hinauszögern des Alterungsprozess dienen – wie Tomaten und zweimal so viele wie Knoblauch. In dunkler Schokolade sind übrigens aufgrund des hohen Kakaoanteils noch mehr Polyphenole enthalten als in Milchschokolade. Bereits 50 Gramm oder drei Riegel Schokolade am Tag sind ausreichend, um die Schutzfunktion einer Tagesration Obst und Gemüse zu erfüllen. Diese Tatsachen sollen nun aber nicht als Freibrief für zügelloses Schokolademampfen verstanden werden! Achten Sie – trotz Schokoladegenuss ohne Reue – immer auf die Ausgewogenheit und Vielfalt Ihrer gesamten Ernährung. Denn wie Sie bereits wissen, schadet alles im Übermaß unserem Körper – und dies gilt natürlich auch für den Schokoladeverzehr!

Trinken Sie sich fit und schlank!

Eigentlich reicht zum Durstlöschen Wasser aus der Leitung, ein steigender Absatz sowie ein vermehrtes Angebot im Getränkesortiment lässt jedoch den Schluss zu, dass immer mehr Konsumenten zu Mineralwasser, Fruchtsaft oder Tee und Co. greifen. In der *I feel good*–Ernährung werden Getränke ohne Zuckerzusätze wie Mineralwässer, Kräuter- und Früchtetees, Gemüsesäfte und verdünnte Obstsäfte empfohlen. Der tägliche Flüssigkeitsbedarf beträgt 1 bis 2 Liter. Bei sportlicher Betätigung sollten Sie pro Stunde 1 Liter Flüssigkeit zusätzlich trinken, um Schweiß- und Mineralstoffverluste auszugleichen und die körperliche Leistungsfähigkeit aufrecht zu halten. Trinken Sie bereits *vor* dem Sport, halten Sie neben Ihrem Fitnessgerät eine Flasche Mineralwasser zum Trinken bereit und vergessen Sie auch nicht, im Anschluss an die körperliche Ertüchtigung ausreichend Flüssigkeit zu konsumieren. Beginnen Sie nicht erst beim Auftreten eines Durstgefühles zu trinken, denn dann liegt bereits ein Flüssigkeitsdefizit vor.

Genussmittel des Südens: Wein

Was darf in südlichen Ländern – wie zum Beispiel Italien – auf keiner Tafel fehlen? Bestimmt haben Sie es erraten: Wein, eine Wasserkaraffe und ein Brotkorb. Wein ist in den mediterranen Ländern kein Rauschmittel, sein Genuss zählt vielmehr zur südländischen Esskultur.

Durch verschiedene Umweltbedingungen (u. a. Zigarettenrauch, radioaktive Bestrahlung, Giftstoffe in der Umwelt, Ozon) bilden sich im Körper Radikale, denen Antioxidantien aus der Nahrung entgegen wirken. Die im Wein enthaltenen Phenole (darunter sind chemisch natürliche Verbindungen in den Kernen, Schalen und Stielen von Beeren zu verstehen) wirken als potente Antioxidantien und verhindern somit schädigende Sauerstoffreaktionen in den Zellen; überdies heben sie das HDL- und senken das LDL-Cholesterin.

Wein, im richtigen Maß genossen (Frauen bis zu $^2/_8$ l und Männer bis zu $^3/_8$ l täglich), erweist sich als überaus gesundheitsfördernd und ist der Figur zuträglich. Genießen Sie also bewusst und ohne schlechtes Gewissen Ihr nächstes Glas Wein und trinken Sie auf Ihre Gesundheit! Abnehmwillige brauchen auch nicht auf Alkohol zu verzichten, sondern können – in moderater Menge – ihr Glas Wein, Bier oder Schnaps zu sich nehmen. Beachten Sie jedoch, dass Alkohol auch eine appetit*anregende* Wirkung hat.

Übermaß beim Alkoholkonsum sollte – wie bei allem anderen – selbstverständlich vermieden werden, da sich die gesundheitsfördernde Wirkung ins Gegenteil umkehren würde und auch Übergewicht die Folge wäre (Bierbauch). Ebenso ist Alkohol für Schwangere, Suchtgefährdete, Frauen mit familiär bedingt erhöhtem Brustkrebsrisiko sowie Leberkranke tabu. Im Zweifelsfalle konsultieren Sie Ihren Arzt!

I feel good–Tipp: Bei der Herstellung von Rotwein entsteht eine zehnmal so hohe Konzentration von Phenolen wie bei der Weißweinerzeugung.

Frühstück bringt Power für den Tag

Croissant und Kaffee sind das Frühstück bei den Franzosen, die Italiener begnügen sich meistens mit Kaffee und getoastetem Weißbrot, und auch in vielen anderen Mittelmeerländern spielt das Frühstück keine so große Rolle – ausgenommen natürlich für die Touristen, die mit üppigen Frühstücksbuffets verwöhnt werden.

In der *I feel good*–Ernährung hat der nahrhafte Start in den Morgen je-

Wenn Sie ein Viertel Ihrer Tagesenergiemenge mit dem Frühstück zu sich nehmen, plagt sie unter Tags weniger Hunger.

doch einen *großen* Stellenwert: Denn ohne den Energie-Kick am Morgen fühlen Sie sich schlapp und haben danach tagsüber mit Leistungseinbußen zu rechnen. Zum Erreichen Ihres Wohlfühlgewichtes erweist sich das Frühstück als besonders effizient, da es den Stoffwechsel in Schwung bringt! Die nötige Energie für Ihren Tagesablauf erhalten Sie aus den ausgewogenen, nahrhaften Frühstücksvariationen im Rezepteil. Wählen Sie je nach Geschmack und Gusto aus zwischen verschiedenen Vollkornbrotsorten, leckeren Aufstrichen – wie unseren köstlichen „Oliven-Ei-Aufstrich" (Rezept Seite 63) –, Müsli-Variationen und frischen Jogurt-Frucht-Kreationen.

Zur Anregung der Darmtätigkeit und für ein lange anhaltendes Sättigungsgefühl empfiehlt sich ein Frühstück mit komplexen Kohlehydraten in Form von Vollkornbrot oder Getreidemüsli. Sie sollten rund ein Viertel Ihrer Tagesenergiemenge beim Frühstück aufnehmen, dadurch fällt es Ihnen auch leichter, während des restlichen Tages nicht ständig zu Süßigkeiten und Zwischendurch-Snacks zu greifen, da Ihr Hungergefühl wegfällt. Die Energie beim *I feel good*–Frühstück setzt sich zusammen aus Kohlehydraten in Brot, Getreideflocken und Müsli, Fett in Butter, Eiweiß und Kalzium in Milch, Quarkaufstrichen, Käse und Jogurt sowie Vitaminen und Mineralstoffen, die vor allem in Obst und Gemüse enthalten sind.

Das *I feel good*–Konzept für Ihre Wohlfühlfigur

Bringen Sie Ihren Fettstoffwechsel auf Trab

Sie führen das Leben eines Couch potato und Ihre tägliche Bewegung beschränkt sich auf die Wegdistanz zwischen Fernsehsessel und Kühlschrank? Unliebsame Speckröllchen werden Sie mit diesen paar Schritten nicht bekämpfen können, denn dazu bedarf es neben der Ernährung auch einer regelmäßigen körperlichen Betätigung (Fundament der *I feel good*–Pyramide). Im Buch „Das *I feel good*–Geheimnis" erfahren Sie ausführlich alles Wissenswerte über ein gesundes Maß an – täglicher – Bewegung (dazu zählen auch Alltagsbewegungen wie Treppensteigen, Rasenmähen oder der Hausputz) und erhalten Einblick über die Vorzüge von Ausdauer- und Krafttraining – beides unverzichtbare, wertvolle Wegbegleiter zu Ihrem persönlichen Wohlfühlgewicht.

Das I feel good–Geheimnis: Kalorien verbrennen statt einsparen.

Essen lässt Pfunde schmelzen

Wandeln Sie Ihr Essen in Energie um und verbrennen Sie Kalorien anstatt diese einzusparen – so verlieren Sie Pfunde und erreichen Ihre fehlende Stoffwechselleistung!

Je mehr Energie Sie mittels Bewegung verbrauchen, umso mehr Nahrung können Sie auch zu sich nehmen, um Ihr Gewicht zu halten. Wollen Sie Ihr Gewicht reduzieren, so erlangen Sie mit einem Mehrverbrauch an Bewegungskalorien rascher Ihr angestrebtes Wohlfühlgewicht.

Die 10 *I feel good*–Schritte für einen rasanten Fettstoffwechsel und eine erfolgreiche Gewichtsreduktion

1	**Beginnen Sie Ihren Tag mit einem Frühstück!** Ohne Frühstück senkt Ihr Körper seinen Stoffwechsel und Sie kämpfen im Laufe des Tages mit erhöhter Esslust sowie Heißhunger am Abend.
2	**Sport vor dem Frühstück hilft Fett zu verbrennen!** Da die Kohlehydratspeicher leer sind, wird – vor allem beim Ausdauersport – als Brennstoff Fett aus den Zellen herangeholt.
3	**Essen Sie niemals weniger Kalorien als die Höhe Ihres Grundumsatzes beträgt, ansonsten verlangsamt sich Ihr Stoffwechsel!** (Körpergewicht × 24 = Grundumsatz)
4	**Zwischenmahlzeiten aktivieren den Stoffwechsel!** Kleine gesunde Snacks, wie Obst, Kräcker, Trockenobst, Vollkornkekse, Jogurt, verhindern Heißhungerattacken und abendliche Essensgelage.
5	**Genießen Sie Ihr Abendessen mindestens 2–4 Stunden vor dem Zubettgehen!** Je früher Sie zu Abend essen, desto vitaler fühlen Sie sich am Morgen.
6	**Greifen Sie vermehrt zu kohlehydratreichen Mahlzeiten!** Diese Nahrungsmittel (Brot, Reis, Nudeln) kurbeln Ihren Stoffwechsel an, haben weniger versteckte Fette und somit weniger Kalorien.
7	**Erhöhen Sie Ihre Alltagsbewegungen!** Treppensteigen statt Fahrstuhlfahren, Haus- und Gartenarbeit, Fußwege statt Autofahrten sorgen für ein Aktivitätenplus.
8	**Sorgen Sie für regelmäßiges Bewegungs- und Krafttraining!** Regelmäßige körperliche Betätigung sorgt für erhöhten Stoffwechsel und straffe Muskulatur. Mehr Muskeln verbrennen auch im Ruhezustand mehr Fett, und Sport dämpft den Heißhunger auf fettes Essen!
9	**Trinken Sie mindestens 1,5–2 l Wasser täglich!** Genügend Flüssigkeit sorgt für anhaltende Leistungsfähigkeit und hilft Fett zu verbrennen.
10	**Lassen Sie keine Mahlzeit ausfallen!** Riesenhunger und übermäßiger „Nachholbedarf" beim Abendessen vermitteln kein Gefühl des Wohlfühlens.

Abkürzungen:	
TL	*Teelöffel*
EL	*Esslöffel*
g	*Gramm*
l	*Liter*
ml	*Milliliter*
Msp.	*Messerspitze*
Pr.	*Prise*
Std.	*Stunde(n)*
min	*Minute(n)*
kcal	*Kilokalorien*
°C	*Grad Celsius*
∅	*Durchmesser*

Wenn Sie Ihre tägliche Kalorienzufuhr bloß um max. 200–300 kcal verringern und gleichzeitig Ihren Kalorienverbrauch um 200–300 kcal erhöhen, werden Ihre überflüssigen Pfunde purzeln, *ohne* das Sie Diät halten. Die Gewichtsredukltion erfolgt zwar langsamer als bei herkömmlichen Crash-Diäten, dafür ist sie bleibend! Wählen Sie aus den Gruppen der *I feel good*–Pyramide Ihre Lebensmittel aus und ermitteln Sie anhand der nachfolgenden Tabelle Ihre täglichen Portionsgrößen. Wenn Sie Ihrem Körper nicht mehr Nahrung zuführen, als er an Energie verbraucht, beugen Sie Übergewicht vor.

Die *I feel good*–Strategie gegen unliebsame Pfunde:

- Kalorienverbrauch um ca. 200–300 kcal täglich erhöhen (Garten-, Hausarbeit, Spaziergänge, Treppensteigen …)
- Kalorienzufuhr um max. 200–300 kcal täglich verringern (weniger fett- und zuckerhaltige Lebensmittel konsumieren, sondern mehr kohlehydratreiche, wie Brot, Nudeln, Reis, Kartoffeln)
- Ausdauertraining mindestens 30–60 Min. 2–3× wöchentlich (Walking, Wandern, Laufen, Radfahren, Aerobic, Spinning, Skilanglaufen, Tennis …)
- Krafttraining mindestens 1–2× wöchentlich mind. 20–30 min (mindestens 1 Übung pro Hauptmuskelgruppe). (Eine genaue Anleitung dazu finden Sie im Buch „Das *I feel good*–Geheimnis".)

Vier Grundsätze, die Sie befolgen sollten.

I feel good-Ernährung auf einen Blick

Lebensmittelgruppen	Ca. 1600 kcal für Gewichtsreduktion und für Frauen mit sitzender Tätigkeit oder ältere Personen Portionen/Tag	Ca. 2200 kcal Kinder, Teenager – Mädchen, aktive Frauen, die meisten Männer Portionen/Tag	Ca. 2800 kcal Teenager – Jungs, aktive Männer und sehr aktive Frauen Portionen/Tag	Wie viel ist eine Portion?
Extras: Schokolade, Süßigkeiten, Chips, Torten etc.	Moderat, max. 5×/Woche	Moderat, max. 5×/Woche	Moderat, max. 5×/Woche	
Fette/Öle	2–3/Tag ca. 55 g	3–4/Tag ca. 73 g	4–5/Tag ca. 93 g	1 TL kaltgepresstes Pflanzenöl, 1 TL Butter, Margarine, Kokosfett, Mayonnaise
Fisch – Fleisch – Eier Sojaprodukte Hülsenfrüchte – Nüsse	2/Tag (insgesamt max. 150 g)	2/Tag (insgesamt max. 185 g)	3/Tag (insgesamt max. 220 g)	60–90 g gekochtes, mageres Fleisch, Geflügel, Fisch oder Tofu. Austauschbar durch: 30 g Fleisch = 125 g gekochte Bohnen / 30 g Fleisch = 1 Ei / 30 g Fleisch = 2 TL Erdnussbutter / 30 g Fleisch = 80 g Nüsse
Milch und Milchprodukte	2–3*/Tag	2–3*/Tag	2–3*/Tag	250 g Milch, Jogurt, Buttermilch u. Ä. / 180 g Hüttenkäse / 30–45 g Käse (35–60% F.i.T.) / 125 g Eiscreme
Obst	2/Tag	3/Tag	4/Tag	1 mittelgroßer Apfel od. Orange od. Banane / 125 g Beerenobst / 180 ml Obstsaft / 60 g Trockenfrüchte (Pflaumen, Feigen ...) / 250 g Kirschen

Gemüse	3/Tag	4/Tag	5/Tag	130 g Gemüse roh oder gedünstet 180 g Gemüsesaft
Getreideprodukte & Kartoffeln	6/Tag	9/Tag	11/Tag	1 Scheibe Brot (Vollkorn, Weißbrot) 30 g Cerealien (Cornflakes, Müsli) 125 g gekochter Reis, Nudeln, Getreide, … 125 g Kartoffeln, gekocht (oder Salat) 10 Pommes frites 1 Hamburger Brötchen 4 mittlere Kekse, Cracker, …
Flüssigkeit	Mind. 6–10/Tag	Mind. 6–10/Tag	Mind. 6–10/Tag	250 ml Wasser, Mineralwasser, Tee, verdünnte Obstsäfte
Alkohol	1–3	1–3	1–3	$1/8$ l Wein Frauen 1–2, Männer 2–3 (bei Schwangerschaft oder Gefährdung zum Alkoholismus sollte auf Alkohol gänzlich verzichtet werden)
Bewegung	täglich	täglich	täglich	Treppensteigen, Spaziergang, Gartenarbeit; Hausarbeit, Tanzen, Wandern, Lovemaking, …
	2–3× wöchentlich mind. 30 min	2–3× wöchentlich mind. 30 min	2–3× wöchentlich mind. 30 min	Krafttraining + Ausdauer: Power-Walking, Laufen, Inline-Skaten, Fußball, Tennis, Schwimmen, Radfahren, Aerobic, u. v. m.

* Schwangere, Stillende, Teenager bis zu 24 Jahren benötigen 5 Portionen.

Wohlfühlrezepte zum Schlank-Schlemmen

Frühstück und Snacks

Hier stellen wir Ihnen leckere Gerichte wahlweise als Frühstücksvariationen für den Energie-Kick am Morgen und zum Gaumen verwöhnen dar. Oder als powervolle Zwischenmahlzeiten, die dafür sorgen, dass der kleine Hunger bei Ihnen chancenlos bleibt. Schlemmen Sie mit Frühstücksklassikern wie Vollkornbroten, garniert nach eigener Wahl, vollwertigen Müsli-Kreationen oder fruchtig-leichten Jogurt-Snacks mit frischen Früchten der Saison. Erfreuen Sie sich an delikaten Aufstrichen und selbst gebackenem Brot. Als Getränk empfehlen wir Früchte- und Kräutertees, als Vitaminschub frisch gepresste Obst- und Gemüsesäfte oder für einen Tag voller Power unseren Fit-Shake!

Kokos-Röst-Müsli

Zutaten:

- 3 EL Haferflocken
- 2 EL Gerstenflocken
- 1 TL Kokosraspel
- 1 TL Sesamkörner
- 1 TL Blaumohn
- 1 TL Sonnenblumenkerne
- 250 g Jogurt (3,6% Fett)
- 150 g Beeren (oder Obst der Saison)
- 1 EL Honig
- 1 Pr. Zimt
- 1 Pr. Naturvanille

1. Hafer- und Gerstenflocken auf einem nicht eingefetteten Backblech bei mittlerer Temperatur 15 min unter mehrmaligem Umrühren goldbraun rösten und abkühlen lassen
2. Kokosraspel, Mohn, Sesam, Sonnenblumenkerne ohne Fett in einer Pfanne unter mehrmaligem Schütteln rösten und abkühlen lassen
3. Jogurt mit Honig, Zimt und Vanille verrühren
4. Beeren unter fließendem Wasser waschen und dem Jogurt beigeben, geröstete Flocken dazufügen
5. Mit geröstetem Kokos, Mohn, Sesam und Sonnenblumenkernen bestreut servieren

Extra-Tipp: Ungeschwefelte Trockenfrüchte sorgen für Süße ohne leere Kalorien!

I feel good–Tipp: Sonnenblumenkerne sind reich an essentiellen Aminosäuren, Fluor, Kupfer, Eisen, Magnesium sowie den Vitaminen A, E und jenen der B-Gruppe. Knackig wird Ihr Müsli aber auch durch die Zugabe von Haselnüssen oder Mandelkernen.

I FEEL GOOD–CHECK

 schön – gesund – fit: Reich an Vitamin A, E, Kalium, Kalzium, Phosphor, Magnesium, Eisen – für Haut, Haare, Zähne, Knochen, Zellschutz und Nervensystem.

Zubereitung: einfach

 Portionen: 2

 Zubereitungsdauer: 15 min

 Kalorien pro Portion: 290

Power-Jogurt

1. Jogurt, Sahne, Zitrone, Honig und Vanille verrühren
2. Mandelblättchen in einer Pfanne ohne Fett hellbraun anrösten
3. Jogurt mit Haferflocken mixen
4. Mandelblättchen darüber streuen

> *I feel good*–Tipp: Schönheitstipp gegen rissige Lippen: Honig auf die Lippen streichen, 10 min einwirken lassen.

Zutaten:
250 g Jogurt (3,6% Fett)
2 EL saure Sahne (Sauerrahm)
1 EL Zitronensaft
½ TL Naturvanille
2 EL Mandelblättchen
8 EL Haferflocken
1 EL Honig

Fruchtiger Hüttenkäse

1. Äpfel waschen, mit der Schale grob raffeln und mit Essig beträufeln
2. Hüttenkäse mit Honig verrühren und Äpfel dazugeben
3. Vollkornbrote damit bestreichen und Sonnenblumenkerne darüber streuen

Zutaten:
2 Äpfel, klein
2 TL Apfelessig
250 g Hüttenkäse
1 TL Honig
4 Scheiben Vollkornbrot
1 EL Sonnenblumenkerne

I FEEL GOOD–CHECK

 schön – gesund – fit: Bevorzugen Sie einheimische (Bio-)Apfelsorten – sie sind am vitaminreichsten, da lange Transportzeiten entfallen.

Zubereitung: einfach

 Portionen pro Rezept: 2

 Zubereitungsdauer: 10 min/5–10 min

 Kalorien pro Portion: 300/440

Vitaminbomben-Salat

Zutaten:
½ Ananas (ca. 350 g)
1 Kiwi
1 Limette
30 g Rosinen
1 TL Honig

1. Limette waschen, Schale abraspeln und Saft auspressen
2. Rosinen und Honig mit Limettensaft mischen
3. Ananas und Kiwi schälen, in kleine Stücke schneiden und auf einem Teller anrichten
4. Mit Limetten-Rosinen-Soße übergießen und mit der geraspelten Limettenschale bestreuen

Extra-Tipp:

Reife Ananas sollten Sie rasch verbrauchen und keinesfalls kühl lagern, das Fruchtfleisch bekommt sonst braune Stellen.

I feel good–Tipp: Exotische Früchte machen selbst Morgenmuffel munter und sorgen mit ihrer geballten Dosis an Vitalstoffen für einen gesunden Start in den Morgen – eine kleine, halbe Ananas deckt übrigens bereits den Tagesbedarf an Vitamin C!

I FEEL GOOD–CHECK

♡ **schön – gesund – fit:** Enthält Vitamin A, C, Kalium, Kalzium, Magnesium – stärkt das Immunsystem und hilft gegen Erkältung.

👨‍🍳 **Zubereitung:** einfach

🍽 **Portionen:** 2

⏰ **Zubereitungsdauer:** 15–20 min

💡 **Kalorien pro Portion:** 200

Erdbeer-Mohn-Quark-Speise

Zutaten:

- 200 g Quark (Topfen) (20% Fett)
- 3 EL Jogurt
- 200 g Erdbeeren
- 1 Banane
- 1 Orange, gepresst
- 1 TL Honig
- 1 TL Zitronensaft
- 2 EL Sonnenblumenkerne
- 2 EL Mohn
- 1 Pr. Zimt

1. Erdbeeren waschen, vierteln, mit Honig und Zitrone beträufeln, 1 Prise Zimt dazugeben
2. Banane in Scheiben schneiden und den Erdbeeren beimengen
3. Orangensaft mit Quark und Jogurt verrühren und mit Früchten pürieren
4. Zuerst Sonnenblumenkerne in einer Pfanne trocken rösten, gegen Ende den Mohn mitrösten
5. Sonnenblumenkerne abkühlen lassen, unter den Quark mischen, in Gläser füllen und mit Mohn bestreuen

Quark-Frucht-Creme

Zutaten:

- 250 g Heidelbeeren
- 1 Kiwi
- 1 Orange, Saft
- 1 EL Honig (oder Zucker)
- 150 g Magerquark (Magertopfen)
- 2 EL saure Sahne (Sauerrahm)
- 100 g Jogurt
- 1 EL Haferflocken
- 1 Pr. Naturvanille
- 1 Pr. Zimt

1. Heidelbeeren waschen, in Schalen anrichten und mit Honig vermischen
2. Orange auspressen und mit der geschälten Kiwi pürieren
3. Püree mit Magerquark, Saurer Sahne, Jogurt, Zimt und Vanille verrühren
4. Creme über die Heidelbeeren geben
5. Haferflocken ohne Fett kurz rösten und über die Creme streuen

I FEEL GOOD–CHECK

 schön – gesund – fit: Kiwi und Orangen sind wahre Vitamin-C-Bomben. Das stärkt Ihr Immunsystem und verhindert die Bildung Krebs erregender Nitrosamine.

 Portionen pro Rezept: 2

 Zubereitungsdauer: 10 min/10–15 min

 Kalorien pro Portion: 330/235

Zubereitung: einfach

Fit-Shake

1. Erdbeeren waschen, Stiele entfernen, Pfirsich entkernen und schälen, Obst in Stücke schneiden
2. Obst im Mixer mit Zitronensaft, Honig, Piment und Buttermilch pürieren
3. Shake in Gläser füllen, mit Piment bestreuen und servieren

Zutaten:
400 g Erdbeeren
2 EL Zitronensaft
1 Pfirsich
1 TL Honig
$1/2$ l Buttermilch
1 Pr. Piment

I feel good–Tipp: Das Aroma von Piment ähnelt einer Melange aus Nelken, Zimt und Muskat. Erhältlich als gemahlenes oder körniges Gewürz.

Extra-Tipp:

Mit diesem Shake wird das Aufstehen am Morgen zum Vergnügen – einfach ausprobieren!

I FEEL GOOD–CHECK

 schön – gesund – fit: Buttermilch ist sehr fettarm, enhält viel Kalzium und Eiweiß. Sie wird auch bei Milchunverträglichkeit empfohlen.

 Portionen: 2

 Zubereitungsdauer: 5 min

Zubereitung: einfach

 Kalorien pro Portion: 185

Beeren-Frischkost

Zutaten:

6 EL Haferflocken

100 g Beeren nach Wahl (Heidelbeeren, Erdbeeren ...)

2 EL Leinsamen

250 g Jogurt (3,6% Fett)

50 g Magerjogurt

100 g Magerquark (Magertopfen)

2 TL Himbeeressig

2 TL Honig

1. Frische Beeren verlesen und unter fließendem Wasser abwaschen und trockentupfen, Tiefkühlbeeren auftauen lassen
2. Jogurt mit Quark, Essig, Honig und Haferflocken verrühren und in zwei Schüsseln aufteilen
3. Beeren auf die Jogurtcreme geben und mit Leinsamen bestreuen

Extra-Tipp:

Beeren sollten Sie frisch verzehren, im Kühlschrank aufbewahrt innerhalb von drei Tagen verbrauchen.

I feel good–Tipp: Haferflocken bewirken aufgrund ihrer Ballaststoffe eine lang anhaltende Sättigung und geben in Kombination mit Milch den nötigen Energie-Kick am Morgen!

I FEEL GOOD–CHECK

 schön – gesund – fit: Reich an Vitamin A, Kalzium, Kalium, Phosphor und Magnesium.

Zubereitung: einfach

 Portionen: 2

 Zubereitungsdauer: 15 min

 Kalorien pro Portion: 210

Marmelade aus Trockenfrüchten

Zutaten:

250 g Trockenfrüchte nach Wahl (Pflaumen/Zwetschken, Aprikosen/Marillen, Äpfel, Rosinen, Datteln, Feigen)

250 ml Apfelsaft, ungezuckert, naturtrüb

1 Zitrone

1 Msp. Zimt

1 Msp. Naturvanille

2 EL Waldhonig

1. Trockenfrüchte klein schneiden und im Apfelsaft mind. 3–6 Std. quellen lassen
2. Trockenfrüchte ohne Saft mit Pürierstab zerkleinern
3. Zitrone waschen, Schale abreiben, Saft auspressen
4. Zitronenschale, -saft und soviel Einweichflüssigkeit zu den Früchten rühren, bis eine streichfähige Masse entsteht
5. Mit Zimt, Vanille und Honig würzen
6. Marmelade in ein verschließbares Gefäß füllen – im Kühlschrank bis zu 14 Tage haltbar

Fruchtiger Vitaminaufstrich

Zutaten:

300 g Obst nach Wahl

50 g Honig

½ Zitrone (Saft)

1 Msp. Zimt

1 Msp. Naturvanille

1 Pr. Piment

1. Frische Früchte waschen, putzen und im Mixer fein pürieren, bis eine homogene Masse entsteht
2. Mit Honig, Gewürzen und Zitronensaft abschmecken
3. In Gläser füllen und im Kühlschrank aufbewahren – bis zu 2 Wochen haltbar

Extra-Tipp:

Obst hat eine hohe Nährstoffdichte (Vitamine, Mineral- und Ballaststoffe, bioaktive Substanzen). Sie sollten täglich mindestens 1 Portion unerhitztes Obst essen.

I FEEL GOOD–CHECK

 schön – gesund – fit: Der im Obst enthaltene Zucker sorgt für einen natürlichen, schnellen Energie-Kick!

 Zubereitung: einfach

 Portionen pro Rezept: 4–8

 Zubereitungsdauer: 10 min

 Kalorien gesamt: 850/325

I feel good-Light-Aufstrich

Alle Zutaten miteinander vermischen und mit Kresse garniert servieren

I feel good–Tipp: Aufstriche können Sie mühelos in der Frischhaltebox auch an Ihren Arbeitsplatz mitnehmen und mit frischem Vollkorngebäck genießen.

Zutaten:
20 g Magerquark (Magertopfen)
120 g Hüttenkäse (10% Fett)
Meersalz
Cayennepfeffer
Paprika, edelsüß
Schnittlauch, Kresse oder beliebige Kräuter
2 EL Jogurt
2 EL saure Sahne (Sauerrahm)

Liptauer-Light

1. Zwiebel fein schneiden, Schnittlauch waschen und in Röllchen schneiden
2. Alle Zutaten vermischen und mit 1 EL Schnittlauch garniert servieren, scharf abschmecken

I feel good–Tipp: Frischer Liptauer auf einem knusprigem Brot hat nicht nur in der Wiener Heurigenkultur Tradition. Auch beim Picknick, auf Gartenpartys und Buffets ein Gaumenvergnügen.

Zutaten:
250 g Magerquark (Magertopfen)
5 EL Jogurt (1% Fett)
3 EL saure Sahne (Sauerrahm)
Senf, süß
½ TL Sardellenpaste
½ Zwiebel, klein
2 Jungzwiebeln
½ Bund Schnittlauch
Kräutersalz
1 TL Kapern
1 Msp. Kümmel, gemahlen
1 Pr. Cayennepfeffer
1 TL Paprika, süß und scharf
ev. etwas Curry

I FEEL GOOD–CHECK

♡ **schön – gesund – fit:** Quark enthält sehr viel Kalzium. Der Bedarf ist bei Kindern, Jugendlichen, Frauen nach dem Wechsel, Schwangeren und stillenden Frauen erhöht.

 Zubereitung: einfach

 Portionen pro Rezept: 2

 Zubereitungsdauer: 10 min

 Kalorien pro Portion: 95/155

Erdäpfel-Kas

Zutaten:

- 120 g Kartoffeln
- 1 Zwiebel, klein
- 1 Knoblauchzehe
- 2 EL saure Sahne (Sauerrahm)
- 4 EL Jogurt
- 120 g Magerquark (Magertopfen)
- 1 Ei, hart gekocht
- ½ Stange Lauch
- ½ TL Paprika, süß
- 1 TL Senf, süß
- 1 TL Sardellenpaste
- Vollmeersalz
- Pfeffer, schwarz
- 1 Pr. Cayennepfeffer

1. Kartoffeln kochen und zerdrücken
2. Zwiebel, Lauch und Ei in kleine Würfel schneiden
3. Quark, Sahne und Jogurt mit Gewürzen vermengen
4. Alle Zutaten miteinander vermischen und pikant abschmecken

I feel good–Tipp: Lauch bzw. Porree wird zumeist als schärfende Würze für Salate, Saucen, Suppen und Aufstriche verwendet. Lauch mit Pellkartoffeln ergeben jedoch ein besonders pikantes und schnell zubereitetes Gericht.

Extra-Tipp:

Lauch können Sie im Kühlschrank, locker in ein Tuch eingeschlagen, maximal drei Tage aufbewahren.

I FEEL GOOD–CHECK

 schön – gesund – fit:: Kartoffeln enthalten sehr viele Kohlehydrate, wertvolles Eiweiß sowie Magnesium, Kalium, Vitamin A und C – man könnte sie auch „Fitness-Knollen" nennen.

Zubereitung: einfach

 Portionen: 2

 Zubereitungsdauer: 30 min

 Kalorien pro Portion: 190

Rohkost-Aufstrich

1. Karotte und Apfel dünn schälen, fein raspeln und sofort mit Zitronensaft mischen
2. Quark in einer Schüssel mit Crème fraîche verrühren
3. Karotten- und Apfelraspel hinzufügen
4. Aufstrich mit Meersalz und Pfeffer pikant abschmecken
5. Schnittlauch waschen, fein hacken, Aufstrich damit bestreuen und servieren

Zutaten:
2 Karotten
1 Apfel, säuerlich
2 EL Zitronensaft
150 g Magerquark (Magertopfen)
1 EL Crème fraîche
Vollmeersalz
Pfeffer
1 Bund Schnittlauch

I feel good–Tipp: Crème fraîche besteht aus saurer Sahne und schmeckt leicht sauer und nussig. Sparsam dosieren – der Fettgehalt liegt bei mindestens 30 Prozent!

I FEEL GOOD–CHECK

♡ **schön – gesund – fit:** Diese Kombination von Obst und Gemüse versorgt Ihren Körper gleichzeitig mit einer Vielzahl von Vitaminen, die Ihre Abwehrkräfte steigern und vor Krebs schützen.

 Zubereitung: einfach

 Portionen: 2

 Zubereitungsdauer: 10 min

 Kalorien pro Portion: 170

Steirische Kürbiskern-Creme

Zutaten:

120 g Magerquark (Magertopfen)

2 EL Jogurt

2 EL Kürbiskerne, gehackt

1 EL Kürbiskernöl, kaltgepresst

Meersalz

Pfeffer

1. Quark, Jogurt und Öl vermengen
2. Kürbiskerne fein hacken
3. Einen Teil der Kerne untermengen, den Rest zum Garnieren verwenden

Griechische Knoblauch-Creme

Zutaten:

150 g Kartoffeln, mehlig

1 Scheibe Weißbrot

2–3 Knoblauchzehen

1 EL Olivenöl, kaltgepresst

2 EL Zitronensaft

Vollmeersalz

Pfeffer

2 Oliven, schwarz – zum Garnieren

1. Weißbrot in einigen Löffeln Wasser und 1 EL Zitronensaft einweichen
2. Kartoffeln waschen und mit der Schale in einem Topf mit wenig Wasser oder im Siebeinsatz kochen
3. Kartoffeln etwas auskühlen lassen, schälen, durch eine Kartoffelpresse drücken, Knoblauch dazupressen, das aufgeweichte Weißbrot dazumischen
4. Restlichen Zitronensaft, Öl und Gewürze untermixen, bis eine geschmeidige Creme entsteht – bei Bedarf etwas Wasser beifügen
5. Mit schwarzen Oliven garnieren

> *I feel good*–Tipp: Die Schärfe des Knoblauchs mildern Sie, indem Sie die Knoblauchzehen mit der flachen Seite eines Messers mit etwas Salz zerdrücken.

I FEEL GOOD–CHECK

♡ **schön – gesund – fit:** Scharfmacher Knoblauch – bei den Südländern gilt der Knoblauch seit jeher als gesunde Knolle, die den Alterungsprozess verzögert.

 Zubereitung: einfach

 Portionen pro Rezept: 2

 Zubereitungsdauer: 10 min/20–30 min

 Kalorien pro Portion: 160/175

Ägyptisches Auberginen-Püree

1	Aubergine waschen, rundum einstechen, im vorgeheizten Backofen bei 250 °C 30–40 min backen – bis die Haut dunkel ist
2	Knoblauchzehen schälen, mit 1 Pr. Salz zerdrücken, mit Pfeffer zum Jogurt rühren
3	Aubergine enthäuten, Fruchtfleisch mit Zitronensaft und Olivenöl pürieren
4	Tahin beifügen und mit Salz, Pfeffer und Kreuzkümmel abschmecken
5	Püree in eine flache Schüssel streichen, Jogurt darüber geben
6	In einer trockenen Pfanne Sesam goldgelb rösten und Püree garnieren, mit Oliven und Zitronenscheiben dekorieren

Zutaten:
- 1 Aubergine (Melanzane) ca. 350 g
- 80 g Jogurt, fest (3,6% Fett)
- 2 Knoblauchzehen
- 2 EL Zitronensaft
- 1 EL Olivenöl, kaltgepresst
- 1 EL Tahin (Sesampaste)
- 1 TL Sesamsamen
- 4 Oliven, schwarz
- 2 Zitronenscheiben
- 1 Msp. Kreuzkümmel
- Salz
- Pfeffer

I feel good–Tipp: Tahin – dahinter versteckt sich eine glatte, dicke Paste aus gemahlener, gerösteter Sesamsaat.

I FEEL GOOD–CHECK

♡ **schön – gesund – fit:** Essen Sie sich schlank mit Auberginen – diese sind äußerst kalorienarm (100 g = ca. 25 kcal), aber sehr nährstoffreich (Vitamine B$_1$, B$_2$, C, Kalzium, Eisen).

 Zubereitung: anspruchsvoll

 Portionen: 2

 Zubereitungsdauer: 50 min

 Temperatur – Backen: 250 °C

 Kalorien pro Portion: 210

Bananen-Curry

Zutaten:

1 Banane, reif
1 EL Zitronensaft
2 EL Crème fraîche
2 EL Magerquark (-topfen)
1 TL Curry
Vollmeersalz
Pfeffer

1. Banane mit einer Gabel zerdrücken und sofort mit Zitronensaft beträufeln
2. Mit Quark und Crème fraîche verrühren
3. Gewürze beimengen und sofort servieren

> *I feel good*–Tipp: Besonders schmackhaft zu Nuss- oder Sonnenblumenkernbrot!

I FEEL GOOD–CHECK

♡ **schön – gesund – fit:** Bananen sind – neben den Mineralstoffen Kalium, Magnesium und Phosphor – reich an Kohlehydraten, sättigen deshalb schnell und eignen sich gut als energiereicher Snack für unterwegs, beim Auto fahren, Sport und im Büro.

 Zubereitung: einfach

 Portionen: 2

 Zubereitungsdauer: 5 min

 Kalorien pro Portion: 150

Oliven-Ei-Aufstrich

	Zutaten:
① Tomate mit kochendem Wasser überbrühen, kurz ziehen lassen, kalt abschrecken, häuten und halbieren, Kerne entfernen und kleinwürfelig schneiden	1 Ei, hart gekocht
	25 g Oliven, schwarz
② Rucola waschen, in feine Streifen schneiden, Zwiebel und Knoblauchzehe fein hacken, Oliven entkernen und klein schneiden	1 TL Kapern
	1 Tomate, klein
③ Olivenöl in einer Pfanne erhitzen, darin Zwiebel und Knoblauch glasig braten, anschließend auskühlen lassen	½ Bund Rucola
	1 Zwiebel, klein
④ Alle zerkleinerten Zutaten in einer Schüssel vermischen	1 Knoblauchzehe
⑤ Hart gekochtes Ei schälen, fein hacken und beigeben	1 EL Olivenöl, kaltgepresst
⑥ Aufstrich mit Salz und Pfeffer pikant abschmecken und mit frischem Vollkornbrot servieren	Salz, Pfeffer

Extra-Tipp:

Schwarze Oliven werden im Gegensatz zu grünen Oliven reif geerntet und schmecken deshalb auch nicht so herb.

I feel good–Tipp: Eiweiß, Eisen, Vitamine (vor allem B-Vitamine), Antioxidantien und ungesättigte Fette – all dies steckt in einem Hühnerei! Und Studien haben längst bestätigt, dass das Cholesterin im Ei keinen Einfluss auf den Cholesterinspiegel beim Menschen ausübt!

I FEEL GOOD–CHECK

♡ **schön – gesund – fit:** „An egg a day" – diese Neuigkeit ist egg-zellent! Das Ei avanciert wieder zu einem natürlichen, gesunden Lebensmittel!

 Zubereitung: einfach

 Portionen: 2

 Zubereitungsdauer: 15–20 min

Irisches Brot

Zutaten:
- 30 g Hafermehl
- 300 g Weizenweißmehl
- 300 g Weizenvollkornmehl
- 300 g Dinkelvollkornmehl
- 250 ml Buttermilch
- 100–300 ml Wasser, lauwarm
- 10 g Butter
- 1 Ei
- 1 TL Salz
- 1 TL Backpulver

1. Backofen auf 230 °C (Umluft 210 °C) vorheizen
2. In einer Schüssel Mehle, Salz und Backpulver vermischen, Butter zufügen und mit den Händen zu Krümeln reiben
3. In der Mitte eine Mulde machen, das verquirlte Ei, Buttermilch und ca. die Hälfte des Wassers beifügen und Teig weich kneten – wenn der Teig zu trocken ist, noch etwas Wasser zugeben
4. Teig auf bemehlter Unterlage so lange kneten, bis er glatt und elastisch ist und anschließend zu einem rund 5 cm hohen Fladen formen
5. Brot im vorgeheizten Backofen bei 230 °C (Umluft 210 °C) 20 min backen, nach 20 min auf 200 °C (Umluft 180 °C) reduzieren und 20–25 min fertig backen

Fit-Brot für Eilige

Zutaten:
- 300 g Dinkelvollkornmehl
- 200 g Weizenvollkornmehl
- 500 g Wasser, lauwarm
- 70 g Sonnenblumenkerne
- 2 EL Haferflocken
- 1–2 EL Leinsamen, geschrotet
- 1 Pkg. (7 g) Trockenhefe (Germ)
- 1–2 TL Brotgewürz, gemahlen
- 1 TL Salz
- Für die Form: Kokosfett, ungehärtet
- 1 EL Haferflocken

1. Alle Zutaten in einer großen Schüssel mit Mixer zu einem weichen Teig verrühren, bei Bedarf noch etwas Wasser zufügen
2. Kastenform ausfetten, restliche Haferflocken in ausgefettete Form streuen, Teig einfüllen und obenauf ein paar Haferflocken streuen
3. Bei 190 °C (Umluft 170 °C) ca. 45 min backen

> *I feel good*–Tipp: Diesen Teig müssen Sie nicht – wie andere Hefeteige – aufgehen lassen – Zeitersparnis!

I FEEL GOOD–CHECK

 schön – gesund – fit: Dieses Brot ist besonders reich an Ballaststoffen – welche für eine optimale Verdauung und langanhaltende Sättigung sorgen – ein ideales „Wohlfühlfigur-Brot".

 Zubereitung: einfach

 Portionen: 1 Laib (ca. 20 Scheiben)

 Zubereitungsdauer: 60 min

 Temperatur – Backen: 180–230 °C (Umluft 160–210 °C)/ 190 °C (Umluft 170 °C)

 Kalorien pro Scheibe: 102/103

Zwiebel-Kräuter-Brot

1. Weizen- und Roggenmehl, Brotgewürz und Salz in einer Schüssel verrühren
2. Lauwarmes Wasser in die Mitte des Mehlgemisches geben und die Hefe darin auflösen
3. Teig 10 min mit Hand oder Küchenmaschine zu einem geschmeidigen Teig kneten
4. Bei Bedarf etwas Wasser oder Mehl beigeben, der Teig sollte weder kleben noch zu fest sein
5. Bei Zimmertemperatur zugedeckt aufgehen lassen, bis sich das Volumen verdoppelt hat und sich Poren an der Oberfläche bilden (ca. 30 min)
6. Zwiebel in kleine Würfel schneiden, in Butter etwas anrösten, am Ende der Röstzeit die geschnittenen Gartenkräuter kurz mitrösten
7. Zwiebel-Kräuter-Gemisch schnell zum Teig kneten und diesen zu einem Brotlaib formen
8. Mit einem Pinsel mit Wasser bestreichen und etwas Sesam darauf streuen
9. Auf ein mit Backpapier ausgelegtes Backblech legen und zugedeckt aufgehen lassen, bis sich Poren an der Oberfläche bilden (ca. 20 min)
10. Ein Gefäß mit kochendem Wasser in den Backofen stellen, durch den Wasserdampf kann der Hefeteig mehr aufgehen, und das Backgut trocknet nicht aus
11. Im vorgeheizten Backofen bei 220 °C (Umluft 200 °C) ca. 15–20 min backen, danach Temperatur auf 180 °C (Umluft 160 °C) reduzieren und noch ca. 30 min fertig backen
12. Das Brot ist fertig, wenn es beim Klopfen auf die Unterseite hohl klingt

Zutaten:
350 g Weizenvollkornmehl
150 g Roggenvollkornmehl
20 g Hefe (Germ)
10 g Vollmeersalz
1 EL Brotgewürz
3 EL Gartenkräuter, gehackt, frisch
150 g Zwiebel
20 g Butter
1 EL Sesam

Extra-Tipp:

Hefe sollten Sie maximal 2 Wochen im Kühlschrank oder bis zu 2 Monate im eingefrorenen Zustand aufbewahren.

I FEEL GOOD–CHECK

 schön – gesund – fit: Zwiebel enthält die Vitamine A, B, C sowie Kalium, Mangan, Kobald, Fluor, Magnesium und Kieselsäure. Neben ihren gesundheitsfördernden Wirkungen werden Zwiebeln auch aphrodisierende nachgesagt!

Zubereitung: einfach

 Portionen: 1 Brotlaib (ca. 20 Scheiben)

 Zubereitungsdauer: 2 Std

 Temperatur – Backen: 220 °C + 180 °C (Umluft 200 °C + 160 °C)

 Kalorien pro Scheibe: 84

Feel good-Weckerl

Zutaten:
400 g Weizenvollkornmehl
100 g Reisvollkornmehl (oder jede andere Getreidesorte)
20 g Frischhefe (Germ)
350 g Buttermilch (oder Apfelsaft, ungezuckert)
10 g Vollmeersalz, jodiert
70 g Haferflocken
1 Banane
70 g Rosinen
70 g Dörrpflaumen (Zwetschken, getrocknet)
70 g Walnüsse
1 EL Mohn
1 EL Sesam

1. Buttermilch lauwarm erwärmen und darin die Hefe auflösen
2. Weizen- und Reismehl, Haferflocken und Salz in einer Schüssel verrühren
3. Buttermilch dazugeben und 10 min händisch oder mit Küchenmaschine zu einem geschmeidigen Teig kneten
4. Bei Bedarf etwas Wasser oder Mehl dazugeben, Teig sollte weder kleben noch zu fest sein
5. Bei Zimmertemperatur zugedeckt aufgehen lassen, bis sich das Volumen verdoppelt hat und sich Poren an der Oberfläche bilden (ca. 30 min)
6. Dörrpflaumen in kleine Stückchen schneiden, Walnüsse hacken und die Banane mit einer Gabel zerdrücken
7. Banane, Rosinen, Dörrpflaumen und Nüsse kurz zum Teig kneten, Teigrolle formen, in kleine Stücke zerteilen und in beliebiger Form kleine Brötchen (Weckerl) formen
8. Weckerl mit einem Pinsel mit Wasser bestreichen und etwas Mohn bzw. Sesam darauf streuen
9. Weckerl auf ein mit Backpapier ausgelegtes Backblech legen und zugedeckt aufgehen lassen, bis sich Poren an der Oberfläche bilden (ca. 20 min)
10. Stellen Sie ein Gefäß mit kochendem Wasser in das Backrohr. Durch den Wasserdampf kann der Hefeteig mehr aufgehen und das Backgut trocknet nicht aus.
11. Weckerl in den vorgewärmten Backofen 220 °C (Umluft 200 °C) geben und ca. 15–20 min backen

I FEEL GOOD–CHECK

 schön – gesund – fit: Vollkornweckerl sorgen mit ihren komplexen Kohlehydraten für einen kalorienarmen, aber fitten, schwungvollen Start in den Tag!

Zubereitung: einfach

 Portionen: 10 Weckerl

 Zubereitungsdauer: 1 Std 45 min

 Temperatur-Backen: 220 °C (Umluft 200 °C)

 Kalorien pro Weckerl: 280

Körndl-Brot

Zutaten:

- 350 g Weizenvollkornmehl
- 150 g Grünkernmehl
- 350 ml Wasser
- 1 Gemüsesuppenwürfel
- 20 g Hefe (Germ)
- 10 g Vollmeersalz
- 1 EL Brotgewürz
- 50 g Kürbiskerne, grob gehackt
- 3 EL Kürbiskernöl, kaltgepresst
- 1 EL Kürbiskerne – zum Bestreuen

1. Weizen- und Grünkernmehl, Brotgewürz und Salz in einer Schüssel verrühren
2. Suppenwürfel im lauwarmen Wasser auflösen, Kürbiskernöl in die Mitte des Mehlgemischs geben, Germ darin auflösen
3. Gehackte Kürbiskerne dazu mischen und den Teig 10 min. mit Hand oder Küchenmaschine zu einem geschmeidigen Teig kneten
4. Bei Bedarf etwas Wasser oder Mehl dazugeben, Teig sollte weder kleben noch zu fest sein
5. Bei Zimmertemperatur zugedeckt aufgehen lassen, bis sich das Volumen verdoppelt hat und sich Poren an der Oberfläche bilden (ca. 30 min)
6. Teig nochmals kurz durchkneten und zu einem Brotlaib formen
7. Mit einem Pinsel mit Wasser bestreichen und 1 EL Kürbiskerne darauf streuen
8. Auf ein mit Backpapier ausgelegtes Backblech legen und zugedeckt aufgehen lassen, bis sich Poren an der Oberfläche bilden (ca. 20 min)
9. Ein Gefäß mit kochendem Wasser in das Backrohr stellen, durch den Wasserdampf kann der Germteig mehr aufgehen und das Backgut trocknet nicht aus
10. Im vorgeheizten Backofen bei 220 °C (Umluft 200 °C) ca. 15–20 min backen, danach Temperatur auf 180 °C (Umluft 160 °C) reduzieren und noch ca. 30 min fertig backen
11. Das Brot ist fertig, wenn es beim Klopfen auf die Unterseite hohl klingt

I FEEL GOOD–CHECK

 schön – gesund – fit: Kürbiskerne und -öl haben viele biologisch wertvolle Inhaltsstoffe. Kürbiskerne werden oft auch gegen Prostataleiden empfohlen. Die Inder sprechen ihnen sogar sexuelle Kraftförderung zu!

Zubereitung: einfach

 1 Laib (ca. 20 Scheiben

 Zubereitungsdauer: 2 Std

 Temperatur – Backen: 220 °C + 180 °C (Umluft 200 °C + 160 °C)

 Kalorien pro Scheibe: 105

Oliven-Knoblauch-Brot

①	Backofen auf 210 °C (Umluft 190 °C) vorheizen, Oliven und getrocknete Tomaten in kleine Stücke schneiden, Mehl in eine große Schüssel geben, mit Salz, Hefe vermischen, Knoblauchzehen dazudrücken, Wasser und 1 EL Öl dazurühren
②	Mit der Hand oder Küchenmaschine 10 min kneten, bei Bedarf noch etwas Mehl oder Wasser zugeben – es sollte ein geschmeidiger, nicht zu trockener Teig entstehen
③	Teig abdecken und ca. 30–40 min an einem warmen Ort aufgehen lassen
④	Eine Kastenform mit ungehärtetem Kokosfett einfetten und mit etwas Vollkornbrösel ausstreuen
⑤	Teig noch kurz durchkneten, in die Form füllen und mit einem Stäbchen einige Löcher stechen
⑥	Eigelb mit 1 EL Wasser verrühren, damit die Teigoberfläche einstreichen und das Brot in den Backofen geben
⑦	Nach 10 min erneut mit der Ei-Wasser-Mischung einstreichen, nach weiteren 10 min Backzeit nochmal einstreichen und mit grobem Meersalz, Knochlauch (zerdrückt) und Sesam bestreuen, noch 5 min fertigbacken (gesamte Backzeit: 25 min)

Zutaten:

- 5 g Hefe (Trockengerm)
- 300 g Weizenmehl
- 100 g Weizenvollkornmehl
- 200 ml Wasser, lauwarm
- 1 TL Vollmeersalz
- 2 Knoblauchzehen
- 1 EL Olivenöl, kaltgepresst
- 70 g Oliven, schwarz
- 2 Tomaten, getrocknet

Für die Form:
- Kokosfett, ungehärtet
- 1 EL Sesam
- Vollkornbrösel

Zum Glasieren:
- 1 Eigelb
- Meersalz, grob
- 1 Knoblauchzehe, zerdrückt

> *I feel good*–Tipp: Aufgrund des hohen Kleber-(Gluten-)Anteils, der die Backeigenschaften entscheidend verbessert, sollte der Großteil der Mehlmenge beim Backen immer aus Weizenmehl bestehen.

I FEEL GOOD–CHECK

 schön – gesund – fit: Oliven enthalten viel Vitamin A und E: 1 EL Olivenöl enthält 8% der täglich empfohlenen Vitamin-E-Menge.

Zubereitung: einfach

 1 Laib (ca. 20 Scheiben)

 Zubereitungsdauer: 1½ Std

 Temperatur – Backen: 210 °C (Umluft 190 °C)

 Kalorien pro Scheibe: 80

Salate & Dips

Leichte Salatkreationen haben immer Saison – egal ob als raffinierte Hauptspeise, als delikate Beilage oder vitaminreiche Vorspeise! Die reichhaltige Auswahl an Blattsalaten, kombiniert mit verschiedenen Gemüse- und Getreidesorten, Nüssen, Fisch, Nudeln, Geflügel oder exotischen Früchten, Kräutern und Gewürzen sorgt für geschmackliche Abwechslung und vielfältige Variationsmöglichkeiten. Lassen Sie durch unsere köstlichen Rezepte Ihre Fantasie anregen und kreieren Sie Ihren eigenen Lieblingssalat. Achten Sie dabei auf die richtige Wahl und gute Qualität der Zutaten, auch von Essig und Öl, damit Ihr Salat zum Gesundheitshit wird!

Kürbissalat-Orangerie

Zutaten:

350 g Kürbis, orange
1 Apfel, klein
2 EL Kürbiskerne
Soße:
1 EL Apfelessig
2 EL Kürbiskernöl
1 Pr. Vollmeersalz
1 Pr. Pfeffer, schwarz
1 TL Senf, süß
2 EL Apfelsaft

1. Apfelessig, Kürbiskernöl, Apfelsaft, Senf, Salz und Pfeffer zu einer Soße verrühren
2. Kürbis schälen, Fasern und Kerne entfernen, das Fruchtfleisch raspeln, mit Soße vermischen
3. Apfel waschen, in kleine Würfel schneiden und dem Salat beigeben
4. Kürbiskerne in einer Pfanne ohne Öl anrösten und vor dem Servieren den Salat damit garnieren

> *I feel good*–Tipp: Zu den bekanntesten Kürbissorten gehören die Riesen- oder Speisekürbisse, die bis zu 75 kg schwer werden, sowie die Zucchini. Seltenere Sorten sind: Spagetti-Kürbisse, Rondini, Squash oder Patisson. Das Fruchtfleisch vom Kürbis ist reich an Wasser, Ballaststoffen und wirkt verdauungsfördernd.

I FEEL GOOD–CHECK

♡ **schön – gesund – fit:** Genießen Sie Kürbissaft als – ausschwemmenden – Gemüsetrunk: enthält alle Vitamine und Mineralien wie Kupfer, Magnesium, Eisen und Kalium.

 Zubereitung: einfach

 Portionen: 2

 Zubereitungsdauer: 15 min

 Kalorien pro Portion: 240

Fruchtiger Sommersalat

1. Vinaigrette anrühren aus Obstessig, Honig, Wasser, Vollmeersalz, buntem Pfeffer, Naturvanille und Olivenöl
2. Erdbeeren waschen und mit der Honigmelone klein schneiden
3. Mozzarella in kleine Würfel schneiden
4. Vinaigrette mit Erdbeeren und Mozzarella mischen
5. Basilikumblätter fein schneiden, ein paar Blätter zur Dekoration beiseite legen
6. Basilikum dem Salat beifügen, mit buntem Pfeffer bestreuen und den beiseite gelegten Basilikumblättern garnmieren

Zutaten:
150 g Erdbeeren
1/2 Honigmelone
70 g Mozzarella
1 EL Obstessig
1 EL Olivenöl, kaltgepresst
Basilikum, einige Blätter
1 TL Honig
1 Pr. Naturvanille
Vollmeersalz
Pfeffer, bunt – aus der Mühle
1 EL Wasser

I feel good–Tipp: Jedes Stück Melone ist ein kleines Stück Urlaub in deren Herkunftsländern Sizilien, Malaga, Kreta, Israel oder Côte d'Azur – genießen Sie diese leckeren, gesunden Früchte und schwelgen Sie in Urlaubserinnerungen.

Extra-Tipp:

Eine reife Honigmelone erkennen Sie daran, dass der Blütenansatz auf Druck nachgibt.

I FEEL GOOD–CHECK

 schön – gesund – fit: Erdbeeren bestehen zwar aus 90% Wasser, aber mit einer Portion decken Sie den Tagesbedarf an Vitamin C.

Zubereitung: einfach

 Portionen: 2

 Zubereitungsdauer: 20 min

 Kalorien pro Portion: 270

Salat Vitamina

Zutaten:

- 2 Tomaten, mittelgroß
- 200 g Frühkartoffeln
- 70 g Erbsen (frisch oder aus der Dose)
- ½ Stange Lauch
- ½ Paprika, gelb
- 2 Jungzwiebeln (Frühlingszwiebeln)
- 1 Zucchino, klein
- 2 Radieschen
- 1 EL Kapern
- 1 Bund Schnittlauch

Zitronensoße:

- 2 EL Zitronen- oder Grapefruitsaft
- 2 EL Jogurt
- 1 TL Sonnenblumenkernöl, kaltgepresst
- 1 TL Honig
- 1 TL Nussmus
- 1 EL Sonnenblumenkerne, gehackt
- Pfeffer
- Vollmeersalz

1. Aus den angegebenen Zutaten Zitronensoße zubereiten und in eine Salatschüssel gießen
2. Tomaten waschen, in Scheiben schneiden und sofort der Zitronensoße beimengen
3. Kartoffeln unter fließendem Wasser gut bürsten, kochen, mit der Schale in Scheiben schneiden und zu den Tomaten geben
4. Zucchino waschen, in ½ cm große Scheiben schneiden, mit Tomaten und Kartoffeln unter das Dressing mengen
5. Paprika und Radieschen waschen, in kleine Streifen schneiden und beimengen, ebenso Erbsen und Kapern
6. Lauch und Jungzwiebeln in feine Ringe schneiden und ebenfalls untermischen
7. Schnittlauch waschen, gut abtropfen, in kleine Röllchen schneiden und vor dem Servieren über den Salat streuen

> *I feel good*–Tipp: Rohkostsalat lässt sich – mit Salatsoße vermischt – luftdicht verschlossen, kühl und dunkel aufbewahren. So können Sie ihn auch ins Büro für ein Fitness-Mittagessen mitnehmen. Probieren Sie dazu unser köstliches Oliven-Knoblauch-Brot von Seite 69.

I FEEL GOOD–CHECK

 schön – gesund – fit: Der im sonnigen Mittelmeerraum beheimatete Zucchino ist kalorienarm und unterstützt auf leckere Art das Erreichen Ihrer Wohlfühlfigur.

 Zubereitung: einfach

 Portionen: 2

 Zubereitungsdauer: 30 min

 Kalorien pro Portion: 275

Salat Fit & Fun

	Zutaten:
① Jogurt, Essig, Öl, Apfelsaft, Honig und Gewürze in einer Salatschüssel verquirlen	1 Stange Lauch
② Äußere Blätter und Wurzeln vom Lauch entfernen, unter fließendem Wasser gründlich waschen, in dünne Ringe schneiden, mit Salatsoße vermischen	1 Apfel, rote Schale
	½ Bund Rucola
	2 EL Walnüsse, gehackt
③ Apfel ebenfalls gründlich waschen, abreiben, vierteln, vom Kerngehäuse befreien, grob raspeln und unter den Salat mengen	Salatsoße:
	3 EL Jogurt (3,6% Fett)
④ Rucola waschen, verlesen, trocken schütteln, in Streifen schneiden und beifügen	1 EL Apfelessig
	2 EL Apfelsaft
⑤ Vor dem Servieren die gehackten Walnüsse darüber streuen	1 EL Walnussöl, kaltgepresst
	1 TL Honig
	1 Pr. Zimt
	1 Pr. Cayennepfeffer
	Vollmeersalz
	Pfeffer

I feel good–Tipp: Tipp gegen aufgesprungene Lippen: Lippen mit Honig betupfen, mind. 10 mindestenseinwirken lassen, mehrmals täglich wiederholen

Extra-Tipp:

Nüsse immer kühl und trocken aufbewahren. Gemahlene Nüsse rasch aufbrauchen, da sie leicht ranzig werden.

I FEEL GOOD–CHECK

♡ **schön – gesund – fit:** Walnüsse liefern – nicht nur für Sportler – jede Menge Power pro Kalorie! Trotz vieler Kalorien (je nach Sorte haben 100 g etwa 600–650 kcal) unbedingt – in moderaten Mengen – in Ihren Speiseplan einbauen, da sie auch wertvolle ungesättigte Fettsäuren sowie fettlösliche Vitamine, Kalium, Kalzium, Phosphor, Magnesium und Eisen enthalten.

 Zubereitung: einfach

 Portionen: 2

 Zubereitungsdauer: 15 min

 Kalorien pro Portion: 190

Spinatsalat Biogarten

Zutaten:

- 400 g Spinatblätter
- 1 Tomate, mittelgroß (ca. 130 g)
- 2 Jungzwiebeln (Frühlingszwiebeln)
- ½ Knoblauchzehe
- 2 Tomaten, getrocknet
- 1 EL Olivenöl, kaltgepresst
- 3 EL Kefir
- 1 EL Rotweinessig
- 1 TL Honig
- 1 EL Sesamsamen
- Vollmeersalz
- Pfeffer

1. Spinatblätter verlesen, waschen, mit Tomate kurz in kochendes Wasser tauchen
2. Spinatblätter danach mit kaltem Wasser abschrecken, abtropfen lassen, Tomaten häuten, halbieren, in Scheiben schneiden
3. Getrocknete Tomaten in kleine Stücke schneiden
4. Jungzwiebeln schälen und in dünne Ringe schneiden
5. Sesamsamen in einer Pfanne ohne Öl kurz anrösten
6. Kefir, Rotweinessig, Honig, Olivenöl, Salz, Pfeffer zu einem Dressing verrühren
7. Knoblauchzehe zerdrücken und zum Dressing mischen
8. Gemüse vermischen und Dressing darüber verteilen, mit Sesam bestreuen

I feel good–Tipp: Rotweinessig können Sie auch für Rind-, Wild- und Lammgerichte sowie für Kraftsoßen und zur Vinaigrette verwenden.

I FEEL GOOD–CHECK

schön – gesund – fit: Mit 220 g Spinat haben Sie bereits 33% der empfohlenen Tagesmenge an Magnesium abgedeckt. Stress gilt als „Magnesium-Räuber"!

 Zubereitung: einfach

 Portionen: 2

 Zubereitungsdauer: 20 min

 Kalorien pro Portion: 150

Mediterraner Nudelsalat

1	Nudeln in einem Topf mit sprudelndem Salzwasser al dente kochen, abtropfen, kalt abspülen, erneut abtropfen und abkühlen lassen
2	Filets in einer Pfanne mit kaltem Wasser bedecken und 8 min bei mehrmaligem Wenden gar köcheln lassen
3	Aus der Pfanne nehmen, abkühlen lassen, in feine Streifen schneiden, mit den Nudeln in eine Schüssel geben
4	Birne halbieren, Gehäuse entfernen, in große Streifen schneiden, Kirschtomaten halbieren, Rucola waschen
5	Birnen, Kirschtomaten, Jungzwiebeln, Rucola und Pinienkerne zu den Nudeln geben
6	Blauschimmelkäse, Crème fraîche, Essig, Salz, Pfeffer mit 1 EL Wasser vermischen, mit einem Pürierstab verrühren, über die Nudeln gießen und vermengen
7	In einer Schüssel mit Jungzwiebelröllchen garniert servieren

Zutaten:

- 100 g Nudeln (Spiralen, Penne, Farfalle, etc.)
- 100 g Hühnerbrustfilet
- 60 g Kirschtomaten
- 100 g Rucola
- 1 Birne
- 2 Jungzwiebeln (Frühlingszwiebeln)
- 30 g Blauschimmelkäse
- 1 EL Pinienkerne
- 1 EL Crème fraîche
- 1 EL Weißweinessig
- Salz
- Pfeffer

I feel good–Tipp: Pinienkerne – die cremefarbenen, länglichen Kerne von den Zapfen der Pinie – sind in der mediterranen Küche aufgrund ihres köstlichen Aromas unentbehrlich und finden sowohl in Süßspeisen als auch in pikanten Gerichten Verwendung.

I FEEL GOOD–CHECK

♡ **schön – gesund – fit:** Huhn enthält reichlich Niacin – das Powervitamin, welches für die Umwandlung von Kohlehydraten, Eiweiß und Fett sorgt und auch für schöne Haut.

Portionen: 2

Zubereitungsdauer: 30 min

Zubereitung: einfach

Kalorien pro Portion: 380

Hirse-Fit-Salat

Zutaten:

70 g Hirse
2 Eier
1 Tomate, groß (ca. 150 g)
6 Stück Oliven, schwarz
2 EL Olivenöl, kaltgepresst
1 EL Weißweinessig
1 Knoblauchzehe
1 Becher Kresse
150 g Jogurt (3,6% Fett)
2 EL Buttermilch
Vollmeersalz
Pfeffer
1 Pr. Curry

1. Tomate waschen, vierteln, Kresse waschen, abschneiden, Oliven entkernen, in kleine Stücke schneiden
2. Hirse heiß waschen, in 150 ml Wasser mit einer Prise Salz ca. 15 min weich kochen
3. Eier 10 min kochen, abschrecken, abkühlen lassen, schälen und achteln
4. Tomaten, Kresse, Oliven unter die ausgekühlte Hirse mischen
5. Öl, Essig, Jogurt, Buttermilch und Gewürze vermischen, Knoblauchzehe dazu pressen und das Dressing unter den Hirsesalat geben
6. Salat mit Eiern und ein wenig Kresse garnieren

I feel good–-Tipp: Hilfreich gegen Körpersonnenbrand: Jogurt oder Buttermilch mit einigen Tropfen Zitronensaft mischen, 20 min auf der Haut einwirken lassen.

Extra-Tipp:

Hirse deshalb vor dem Kochen heiß waschen, weil durch maschinelles Schälen Öl austreten kann – bitterer Geschmack kann die Folge sein.

I FEEL GOOD–CHECK

schön – gesund – fit: Wenn Sie die Hirse bereits am Abend vorkochen, sparen Sie Zeit bei der Salatzubereitung! Hirse enthält die Vitamine B$_1$, B$_2$, A und C sowie Kalzium, Kalium, Magnesium, Kieselsäure, Natrium, Fluor und Eisen.

 Zubereitung: einfach

 Portionen: 2

 Zubereitungsdauer: 35 min

 Kalorien pro Portion: 380

Weizen-Rettich-Salat

1. Apfel, Rettich und Karotte grob raspeln
2. Weizen über Nacht in 150 ml Wasser einweichen und am Morgen ca. 40 min weich kochen (Schnellkochtopf: 15 min), gegen Ende der Kochzeit ½ TL Salz beifügen
3. Zwiebel schälen, klein hacken
4. Dressing: Jogurt, saure Sahne, Essig, Honig, Mohnöl verrühren und mit Cayennepfeffer, Salz und Pfeffer würzen
5. Weizen, Zwiebel, Apfel, Rettich und Karotte mit Dressing vermischen
6. Vor dem Servieren Salat kurz durchziehen lassen

Zutaten:
70 g Weizen
150 ml Wasser
1 Zwiebel, klein
1 Rettich, weiß, mittelgroß
1 Karotte
1 Apfel, klein
1 Pr. Salz
Dressing:
3 EL Jogurt (3,6% Fett)
1 EL saure Sahne (Sauerrahm)
1 EL Obstessig
1 EL Mohnöl, kaltgepresst
1 TL Honig
1 Pr. Cayennepfeffer
Vollmeersalz
Pfeffer

I feel good–Tipp: Beim Kochen von Getreide geben Sie das Salz erst gegen Ende der Kochzeit bei, da sich sonst die Getreideschale verhärten und somit nicht weich werden würde.

I FEEL GOOD–CHECK

 schön – gesund – fit: Zum Mitnehmen: Rettich schmeckt auch hervorragend als Solist – in feine Scheiben schneiden und salzen. Wenn Wasser austritt, ist er weniger scharf und servierfertig.

Zubereitung: einfach

 Portionen: 2

 Zubereitungsdauer: 1 Std. (+12 Std. Einweichzeit)

 Kalorien pro Portion: 290

Französischer Linsensalat

Zutaten:
100 g Berglinsen
250 ml Wasser
100 g Broccoli
½ Grapefruit
½ Stange Lauch
½ Zwiebel, rot
1 Knoblauchzehe
1 Lorbeerblatt
2 EL Balsamico-Essig
2 EL Olivenöl, kaltgepresst
2 TL Sherry, trocken
Vollmeersalz
Pfeffer

1. Linsen mit Lorbeerblatt in 250 ml Wasser 20 min kochen, danach noch mindestens 15 min quellen lassen, mit kaltem Wasser abspülen und auskühlen lassen
2. Lorbeerblatt rausnehmen, mit Essig, Öl, Sherry, Salz, Pfeffer mischen
3. Gemüse waschen, Broccoli in Röschen teilen, Lauch in Ringe schneiden, Grapefruit in kleine Stücke schneiden, zum Linsensalat mischen
4. Zwiebel und Knoblauch schälen, klein schneiden und beigeben

> *I feel good*–Tipp: Setzen Sie öfters Linsen auf Ihren Speiseplan: Die maximale Kochzeit für Linsen beträgt 30 min. Rote, geschälte Linsen benötigen nur 10 min. Ungewürzte Linsen können Sie auch problemlos einfrieren.

I FEEL GOOD–CHECK

♡ **schön – gesund – fit:** Vegetarier profitieren besonders vom Eiweißgehalt der Linsen: Wenn Sie diesen Salat mit Vollkornbrot essen, liefert Ihnen diese Kombination mehr verwertbare Aminosäuren als Fleisch.

 Zubereitung: einfach

 Portionen: 2

 Zubereitungsdauer: 50 min

 Kalorien pro Portion: 280

Salat à la Sardegna

	Zutaten:
1 Gemüse waschen, Tomate achteln, Rucola mundgerecht zupfen, Zucchino zuerst längs und dann in Scheiben schneiden, Karotte grob raspeln, Apfel in kleine Würfel schneiden, Zwiebel fein schneiden	1 Tomate, mittelgroß
	1 Bund Rucola
2 Mozzarella in 1 cm große Würfel schneiden, Knoblauch pressen, Oliven entkernen und in kleine Stücke schneiden, Thunfisch abtropfen lassen und mit den restlichen Salatzutaten vermengen	1 Zucchino, mittelgroß
	1 Karotte
	1 Apfel, klein, sauer
3 Alle Dressing-Zutaten vermischen, über den Salat gießen, mixen und mit 1 EL Pinienkernen bestreut servieren	1 Zwiebel, klein
	1 Mozzarella
	2 Knoblauchzehen
	1 Dose Thunfisch, klein (185 g)
	2 EL Kapern
	10 Oliven, schwarz
	1 EL Pinienkerne
	Zutaten für Salat-Dressing:
	1 TL Honig
	Vollmeersalz
	Pfeffer
	1 Pr. Cayennepfeffer
	1 Pr. Curry
	2–3 EL Balsamico-Essig
	2–3 EL Olivenöl, kaltgepresst

I feel good–Tipp: Servieren Sie dazu frisches Olivenbrot, knusprige Baguette oder backen Sie eines unserer köstlichen Brote!

I FEEL GOOD–CHECK

 schön – gesund – fit: Verwenden Sie – Ihrer Wohlfühlfigur zuliebe – Thunfisch ohne Öl oder tupfen Sie das Öl mit einer Küchenrolle gut ab.

 Portionen: 4

 Zubereitungsdauer: 30 min

 Zubereitung: einfach

 Kalorien pro Portion: 280

Ananas-Reis-Salat

Zutaten:
100 g Naturreis, ungeschält
250 ml Wasser
½ TL Curry
½ Ananas
200 g Sauerkraut
2 EL Blaumohn
1 EL Mohnöl, kaltgepresst
1 EL Balsamico-Essig
2 EL Senf, süß
1 Pr. Cayennepfeffer
Vollmeersalz
Pfeffer

1. Reis im Wasser mit Curry etwa 45 min kochen, gegen Ende der Kochzeit etwas Salz zugeben
2. Fruchtfleisch von der Ananas entfernen und in kleine Stücke schneiden, Saft aufbewahren
3. Sauerkraut fein hacken
4. Blaumohn in einer Pfanne ohne Fett hellbraun anrösten
5. Reis, Ananas, Sauerkraut vermengen
6. Dressing: Ananassaft, Senf, Öl, Essig, Salz, Pfeffer, Cayennepfeffer mixen
7. Salat mit Dressing anrichten und mit geröstetem Blaumohn garnieren

Extra-Tipp:
Ananas sind sehr empfindlich, deshalb nicht im Kühlschrank aufbewahren.

I feel good–Tipp: Eine reife Ananas erkennen Sie an deren harten, aufgewölbten Schuppen, die sich leicht abzupfen lassen. Grüne Früchte sind unreif.

I FEEL GOOD–CHECK

♡ **schön – gesund – fit:** Vollkornreis enthält viele Vitamine – weißem geschälten Reis mangelt es besonders an diesen wichtigen Nährstoffen.

👨‍🍳 **Zubereitung:** einfach

 Portionen: 2

 Zubereitungsdauer: 1 Std. 15 min

 Kalorien pro Portion: 350

Avocado-Guacamole

Zutaten:

½ Avocado, reif
1 TL Crème fraîche
2 EL Zitronensaft
1 Knoblauchzehe, groß, zerdrückt
1 Pr. Piment
1 Pr. Cayennepfeffer
Vollmeersalz

1. Avocado mit einer Gabel zerdrücken
2. Avocado sofort mit allen Zutaten vermischen, cremig rühren, Gewürze beimengen und pikant abschmecken

I feel good–Tipp: Avocado-Gesichtsmaske gegen Hautalterung: 1 reife Avocado pürieren, mit Olivenöl mischen, 30 min dick auftragen.

Guacamole Light

Zutaten:

1 Knoblauchzehe, groß
1 EL Zitronensaft
250 g Erbsen (TK-Ware – aufgetaut)
1 EL Petersilie, gehackt
1 EL Salsa, mexikanisch
1 TL Worcestersoße
1 Pr. Cayennepfeffer
Vollmeersalz

1. Knoblauch pressen und gemeinsam mit den restlichen Zutaten in einem Mixer zu einem festen, glatten Pürre verarbeiten und pikant abschmecken

I feel good–Tipp: Erbsen enthalten – wie alle Hülsenfrüchte – besonders viel Eiweiß und sind deshalb vor allem für Vegetarier sehr wertvoll.

Extra-Tipp:
Avocados eignen sich für Obstsalate, als Grundlage für Suppen und Soßen oder auch zu Rohkost und Pellkartoffeln.

I FEEL GOOD–CHECK

♡ schön – gesund – fit: Erbsen sorgen mit ihrer hohen Konzentration an Vitamin B1, dem Vitamin für eine optimale Nervenversorgung, für Belastbarkeit und gute Laune.

 Zubereitung: einfach

 Portionen pro Rezept: 2

 Zubereitungsdauer: 10 min

 Kalorien pro Portion: 115/90

Orientalischer Kürbis-Dip

1. Kürbis halbieren, Kerne und Gewebe mit einem Löffel auskratzen, Kürbisfleisch schälen und in kleine Würfel schneiden
2. Zwiebel klein schneiden und in 1 EL Olivenöl und 1 EL kaltem Wasser andünsten
3. Kürbiswürfel dazugeben, mit 1/8 l Wasser aufgießen, Knoblauch mit einer Presse dazu pressen, Ingwer mit einer feinen Reibe reiben und beifügen
4. Gemüsesuppenwürfel, Salz und Pfeffer dazugeben, Deckel auf den Topf geben und ca. 10 min weich dünsten lassen
5. Weiche Kürbiswürfel in eine Schüssel geben, mit Pürierstab zu einer glatten Paste pürieren und auskühlen lassen
6. Limonensaft und Buttermilch unterrühren, mit Cayennepfeffer, etwas Tabasco und Worcestersoße pikant abschmecken
7. Bei zu dicker Masse etwas Kochwasser dazu rühren

Zutaten:
1 Kürbis, klein, orange (ca. 800 g Gesamtgewicht)
1 EL Olivenöl, kaltgepresst
1 Zwiebel, klein
1 Knoblauchzehe, groß
1,5 cm Ingwerwurzel, frisch
½ Gemüsesuppenwürfel
2 TL Limonensaft (oder Zitrone)
2 EL Buttermilch
Vollmeersalz
1 Pr. Cayennepfeffer
Pfeffer, schwarz
Tabasco und Worcestersoße – wenig

I feel good–Tipp: Dieser Dip eignet sich ebenso als schmackhafter Brotaufstrich.

I FEEL GOOD–CHECK

 schön – gesund – fit: Von Mexiko bis in die Steiermark ranken sich viele Geschichten über die potenzsteigernde Wirkung von Kürbis. Man kann damit fast alles kochen: Marmeladen und Kompotte, Gemüse, Aufläufe und Kuchen.

 Zubereitung: einfach

 Portionen: 2

 Zubereitungsdauer: 35 min

 Kalorien pro Portion: 150

Extra-Tipp: Einzelne Kürbisstücke können Sie in Plastikfolie verpackt im Kühlschrank aufbewahren – zum Einfrieren eignet sich Kürbis jedoch nicht.

Paradeisketschup

Zutaten:

1 Zwiebel, mittelgroß
250 g Karotten
1 Pfefferoni, grün
1 kg Tomaten, reif
1 Knoblauchzehe
1 TL Vollmeersalz
2 Pfefferkörner
1 TL Senfkörner
1 Nelke
1 Lorbeerblatt
½ Zitrone (Saft)
1 EL Sojasoße
1 TL Worcestersoße
1 EL Zucker

1. Tomaten mit kochendem Wasser überbrühen, kurz ziehen lassen, enthäuten, Saft und Kerne in einen Topf geben, Fruchtfleisch beiseite geben
2. Zwiebel schälen und schneiden, Karotten und Pfefferoni waschen, klein schneiden
3. Knoblauch schälen und hacken, mit Karotten, Zwiebel, Pfefferoni und Gewürzen dem Tomatensaft und -kernen beigeben, unter mehrmaligem Umrühren aufkochen lassen
4. 40 min weich kochen, Lorbeerblatt herausnehmen, Gemüse durch Sieb passieren
5. Beiseite gelegtes Fruchtfleisch mit Pürierstab pürieren und unter das Gemüse mischen
6. Ketschup mit Zitronensaft, Sojasoße, Worcestersoße und Zucker abschmecken
7. In Gläser gefüllt etwa zwei Wochen im Kühlschrank haltbar

> *I feel good*–Tipp: Schwarzbraune Worcestersoße verfeinert das Ketschup mit einem pikant-würzigen Aroma, für das – nach einem geheimen Rezept – vermutlich folgende Zuaten verantwortlich sind: Soja- und Sardellensoße, Schalotten, Knoblauch, Ingwer, Chili, Tamarinde, Essig und Melasse.

I FEEL GOOD–CHECK

♡ **schön – gesund – fit:** Bereiten Sie Ihr Ketschup selbst nach unserem Rezept zu, sparen Sie im Vergleich zu herkömmlichen Fertigketschups eine Menge Zucker – denn 2 EL herkömmliches Ketschup enthalten ca. 2 Zuckerwürfel!

Zubereitung: einfach

 Portionen: 1 Liter

 Zubereitungsdauer: 60 min

💡 **Kalorien gesamt:** 290

Santa-Fé-Pesto

Zutaten:

180 g Maiskörner (Dose)

½ Pfefferoni, grün

120 g Magerquark (Magertopfen)

130 g Ricotta

2 EL Parmesan, gerieben

1 Knoblauchzehe, gepresst

Vollmeersalz

Pfeffer

3 EL Schnittlauch, fein geschnitten

1. Pfefferoni entkernen, klein schneiden und mit Mais im Mixer grob pürieren
2. Quark, Ricotta, Knoblauch, Pfeffer, Salz beigeben und zu einer glatten Masse pürieren
3. Püree in eine Schüssel geben, Schnittlauch dazu rühren
4. Schüssel zugedeckt bis zum Verzehr im Kühlschrank aufbewahren

I feel good–Tipp: Dieser Dip eignet sich besonders für Gemüsesticks oder als fettarmer Aufstrich für Brote. Ideal für ein Picknick oder als Pausensnack!

Erdnuss-Dip

Zutaten:

200 g Jogurt (3,6% Fett)

1 EL saure Sahne (Sauerrahm)

2 EL Ernussmus

1 TL Sojasoße

1 EL Zitronensaft

1 Knoblauchzehe

¼ TL Koriander

¼ TL Ingwer

1 Pr. Cayennepfeffer

Vollmeersalz

etwas Zitronenschale, abgerieben

1. Jogurt in Sieb abtropfen lassen, Knoblauch pressen
2. Alle Zutaten mit Mixer zu einer glatten Soße verrühren, mit Salz und Pfeffer abschmecken

I feel good–Tipp: Probieren Sie diesen köstlichen Dip zu fein geschnittenen Gemüsestäbchen oder auch als Salatsoße.

I FEEL GOOD–CHECK

 schön – gesund – fit: Erdnüsse enthalten viel Eiweiß (25–30%), etwa 50% Fett (davon 12% ungesättigte Fettsäuren) sowie große Mengen Vitamin A, E und B-Vitamine.

 Zubereitung: einfach

 Portionen pro Rezept: 2

 Zubereitungsdauer: 15 min/30 min

 Kalorien pro Portion: 275/150

Gorgonzola-Dip

Zutaten:
50 g Gorgonzola
100 g Jogurt
50 g Buttermilch
1 EL Yogonaise
1 TL Apfelessig
2 EL Orangensaft, frisch gepresst
1 Pr. Paprikapulver, edelsüß
Vollmeersalz
Pfeffer
1 Pr. Zucker
½ TL Orangenschale, abgerieben

1. Gorgonzola mit einer Gabel zerdrücken, mit Jogurt, Yogonaise und Buttermilch mischen
2. Mit Essig, Paprika, Orangensaft, Salz, Pfeffer, Zucker, Orangenschale kräftig abschmecken

I feel good–Tipp: Anstelle von Gorgonzola können Sie auch mildere Sorten wie Blue Castello oder Danablu verwenden.

Knoblauch-Dip

Zutaten:
100 g Magerquark (Magertopfen)
2 EL Jogurt
1 EL Milch
1 TL Sardellenpaste
1 TL Senf, süß
1 EL Weißweinessig
1 Knoblauchzehe, groß
2 EL Schnittlauch, gehackt
1 Gewürzgurke, klein
1 TL Kapern
1 Pr. Cayennepfeffer
Vollmeersalz
Pfeffer, schwarz

1. Quark, Jogurt, Milch, Essig, Sardellenpaste und Senf zu einer cremigen Paste verrühren
2. Knoblauch pressen, Schnittlauch, Gewürzgurke, Kapern klein hacken und dazu rühren
3. Mit Gewürzen pikant abschmecken und mit Schnittlauch garnieren

I feel good–Tipp: Probieren Sie diesen Knoblauch-Dip zu Folienkartoffeln oder zu Fischgerichten.

I FEEL GOOD–CHECK

schön – gesund – fit: Knoblauch enthält natürliche Antibiotika, stärkt das Immunsystem, wirkt lebensverlängernd und hat aphrodisierende Wirkung – wenn man ihn zu zweit isst.

 Zubereitung: einfach

 Portionen pro Rezept: 2

 Zubereitungsdauer: 10 min/15 min

 Kalorien pro Portion: 150/50

Suppen

Manche mögens heiß – aber Suppen haben nicht nur in der kalten Jahreszeit Saison, und so präsentieren wir Ihnen auch köstliche *kalte* Suppen wie beispielsweise unsere „Kalte Sommersuppe Pomodoro". Suppen können Sie als appetitanregende Vorspeise ebenso genießen wie als sättigendes, gehaltvolles Hauptgericht. Eines werden Sie dabei gewiss feststellen: Mit künstlich schmeckenden Dosen- und Beutelsuppen haben unsere delikaten Feinschmeckersuppen wahrlich nichts gemeinsam!

Kürbiscremesuppe

Zutaten:

- ½ Kürbis, klein, orange (ca. 400 g)
- ½ Stange Lauch
- 1 Zwiebel, klein
- 1 Knoblauchzehe
- 1 EL Olivenöl, kaltgepresst
- ½ l Hühnersuppe
- Vollmeersalz
- Cayennepfeffer
- ½ TL Liebstöckel, getrocknet
- 1 Msp. Ingwer, gemahlen
- 1 Msp. Curry
- 1 Msp. Kümmel
- 1 Msp. Paprika, edelsüß
- 1 TL Rotweinessig
- 2 EL saure Sahne (Sauerrahm) oder Jogurt
- 1 EL Kürbiskerne
- 1 TL Kürbiskernöl

1. Kürbis schälen, faserige Teile und Kerne entfernen, Fruchtfleisch in Würfel schneiden
2. 1 EL Olivenöl mit 1 Löffel kaltem Wasser in einem Topf erhitzen, klein geschnittenen Zwiebel, Lauch und Knoblauch anrösten
3. Curry kurz mitrösten, Kürbiswürfel dazugeben und mit Hühnersuppe aufgießen, restliche Gewürze unterrühren
4. Suppe zugedeckt bei schwacher Hitze ca. 10 min köcheln lassen
5. Währenddessen Kürbiskerne in einer Pfanne ohne Öl anrösten
6. Vom Herd nehmen, Sahne oder Jogurt zufügen, mit einem Mixstab fein pürieren, nochmals abschmecken
7. Auf 2 Teller verteilen, mit einem Schuss Kürbiskernöl sowie Kürbiskernen garnieren.

I feel good–Tipp: Curry eignet sich zum Würzen von Reis-, Tofu-, Fleisch-, Fisch- und Geflügelgerichten. Zur besseren Aromaentfaltung erhitzen Sie Curry kurz in Öl oder Fett.

I FEEL GOOD–CHECK

schön – gesund – fit: Zu folgenden Jahreszeiten können Sie diese gesunden und schmackhaften Gemüse genießen: Kürbissaison: August – November. Lauch-/Porreesaison: Juni – November.

 Zubereitung: einfach

 Portionen: 2

 Zubereitungsdauer: 30 min

 Kalorien pro Portion: 320

Kichererbsensuppe mit Spinat

Zutaten:
120 g Kichererbsen
1 Lorbeerblatt
1 l Wasser
½ Gemüsesuppen-würfel
1 Zwiebel
1 Knoblauchzehe
1 EL Olivenöl, kaltgepresst
120 g Blattspinat, tiefgefroren
2 EL Zitronensaft
Vollmeersalz
Pfeffer
½ Bund Petersilie

1. Kichererbsen im Wasser über Nacht einweichen (ca. 12 Std. Einweichzeit)
2. Am nächsten Tag Zwiebel und Knoblauch klein schneiden und in 1 EL Olivenöl und 1 EL kaltem Wasser glasig dünsten
3. Kichererbsen mit dem Einweichwasser und Lorbeerblatt zum gerösteten Zwiebel geben, aufkochen lassen, zugedeckt bei mittlerer Hitze ca. 1 Std. kochen – bis die Kichererbsen weich sind, Suppenwürfel erst gegen Ende der Kochzeit zugeben – da das Salz im Suppenwürfel die Kochzeit verlängern würde
4. Spinat zugeben und erneut aufkochen, bis der Spinat zusammengefallen ist
5. Mit Salz, Pfeffer, Zitronensaft würzen und mit gehackter Petersilie bestreut servieren

I feel good–Tipp: Der nussähnliche Geschmack von Kichererbsen harmoniert hervorragend mit anderen Aromen. Kichererbsen enthalten wenig Fett, aber viel Eiweiß, Ballaststoffe, Lysin, Vitamin B_1, B_6, Folsäure und Eisen. Sie geben auch jedem Salat eine besondere Note.

I FEEL GOOD–CHECK

♡ **schön – gesund – fit**: Kichererbsen zählen wie Erbsen und Bohnen zu den Hülsenfrüchten und führen leicht zu Blähungen. Besser verdaulich sind gekeimte Samen – dabei werden bestimmte Kohlehydrate weitgehend abgebaut.

 Zubereitung: einfach

 Portionen: 2

 Zubereitungsdauer: 1 Std. 20 min (+ 12 Std Einweichzeit)

 Kalorien pro Portion: 190

Orientalische Jogurt-Suppe

Zutaten:

½ l Gemüsesuppe

½ Stange Lauch

250 g Jogurt (3,6% Fett) (2 EL zum Servieren)

1 Eigelb

1 TL Vollkornmehl

½ Bund Schnittlauch

1 Pr. Piment

1 Pr. Muskat

Vollmeersalz

Pfeffer

1. Äußere Lauchblätter und Wurzel entfernen, unter fließendem Wasser waschen, in ganz kleine Stücke schneiden
2. Schnittlauch in Röllchen schneiden
3. Jogurt (2 EL aufheben), Eigelb und Mehl in einen Topf geben und auf kleiner Flamme verrühren
4. Nach und nach die Gemüsesuppe beimengen, bei mittlerer Hitze unter ständigem Rühren zum Kochen bringen
5. Lauch, Gewürze dazugeben, bei schwacher Hitze unter ständigem Rühren ca. 8 min köcheln lassen
6. Suppe mit Mixstab pürieren, abschmecken, Schnittlauch dazu geben und mit je 1 EL Jogurt darauf servieren

Extra-Tipp:

Die Suppe schmeckt auch kalt köstlich und eignet sich daher ebenso zum Mitnehmen ins Büro.

I feel good–Tipp: Ein perfektes Gelingen dieser sehr einfach zuzubereitenden Suppe erreichen Sie durch ausdauerndes, kräftiges Rühren mit dem Schneebesen.

I FEEL GOOD–CHECK

 schön – gesund – fit: Das „hot spice" Pfeffer wirkt krampflösend, schmerzlindernd und kreislaufstabilisierend. Aber durch seine Schärfe kann sich so manches innere Feuer entfachen!

Zubereitung: einfach

 Portionen: 2

 Zubereitungsdauer: 15 min

 Kalorien pro Portion: 195

Rote-Linsen-Suppe

Zutaten:

1 Zwiebel, klein
½ Stange Lauch
1 Knoblauchzehe
1 EL Olivenöl, kaltgepresst
100 g Linsen, rot
½ l Gemüsesuppe
1 TL Zitronensaft
1 TL Paprika, edelsüß
100 g Jogurt (3,6% Fett)
Rotwein
Vollmeersalz
Pfeffer

1. Zwiebel, Lauch, Knoblauch putzen, klein schneiden, im Olivenöl andünsten, Paprika kurz mitrösten
2. Mit Gemüsesuppe aufgießen, Linsen, Salz, Pfeffer und einen Schuss Rotwein hinzufügen, zugedeckt bei mittlerer Hitze ca. 10 min köcheln lassen – bis die Linsen weich sind
3. Anschließend Suppe mit Mixstab pürieren, Jogurt und Zitronensaft unterrühren

I feel good–Tipp: Schneiden Sie den Lauch am besten längs auf und waschen Sie ihn unter fließendem Wasser, da sich in den Zwischenräumen der Blätter oftmals noch Erdreste befinden.

Griechische Zitronensuppe

Zutaten:

500 g Hühnersuppe
1 Ei
½ Zitrone, Saft
Vollmeersalz
Pfeffer

1. Suppe in einem Topf aufkochen
2. Währenddessen das ganze Ei schaumig schlagen, Zitronensaft und 1 EL kaltes Wasser beifügen
3. Suppe vom Herd nehmen, ein bis zwei Schöpfer heiße Suppe in das aufgeschlagene Ei einrühren
4. Ei-Suppe-Mischung in die restliche Hühnersuppe gießen, mit Salz und Pfeffer abschmecken und mit Zitronenscheibe garnieren

I feel good–Tipp: Die Suppe mit der Eimischung nicht mehr aufkochen lassen, da sonst das Ei gerinnen würde.

Extra-Tipp:
Die Suppe wird etwas reichhaltiger, wenn Sie griechische „Kritharakia"-Nudeln (wie Reiskörner geformt) für ca. 5 Minuten mitkochen.

I FEEL GOOD–CHECK

 schön – gesund – fit: Eier sollten nur aus Bio-Freilandhaltung konsumiert werden. In Eiern aus Käfighaltung finden sich Schadstoff-, Medikamenten- und Chemikalienrückstände.

Zubereitung: einfach

 Portionen pro Rezept: 2

 Zubereitungsdauer: 30 min/10 min

 Kalorien pro Portion: 250/125

Spinat-Buttermilch-Supperl

1 Spinat, Knoblauch und die Hälfte der Suppe in einen Topf geben, zum Kochen bringen, Spinat mit einem Löffel zerteilen, mit 1 TL Zitronenschale in einen Mixer geben, zu einem glatten Püree mixen

2 In einer Pfanne die restliche Suppe mit Mehl mischen, Spinat-Mix dazugeben und zum Kochen bringen, öfters umrühren, Buttermilch einrühren, mit Salz und Pfeffer würzen

3 Mit Zitronenschale garniert sofort servieren

Zutaten:
1 Packung Spinat, gehackt, tiefgekühlt (225 g)
500 ml Hühnersuppe
1 Knoblauchzehe, klein, zerdrückt
1 TL Zitronenschale
1 TL Vollkornmehl
250 g Buttermilch
Salz
Pfeffer

Extra-Tipp:

Servieren Sie diese cremige Suppe als Vorspeise oder als Hauptgericht mit sättigendem Vollkorngebäck als Beilage. Schmeckt auch vorzüglich als kalte Sommersuppe!

I feel good–Tipp: Die Suppe nach dem Beifügen der Buttermilch nicht mehr kochen, sonst gerinnt diese.

I FEEL GOOD–CHECK

 schön – gesund – fit: Durch den hohen Kalziumanteil in Buttermilch (in 200 g Buttermilch stecken 294 mg Kalzium) können Sie Ihre prämenstruellen Symptome verringern.

Zubereitung: einfach

 Portionen: 2

 Zubereitungsdauer: 15 min

 Kalorien pro Portion: 165

Kalte Sommersuppe Pomodoro

Zutaten:
- 1 Paprika, rot
- 2 Tomaten, mittelgroß (300 g)
- ½ Zwiebel, klein (20 g)
- 1 Knoblauchzehe
- 1 EL Olivenöl, kaltgepresst
- 1 TL Sojasoße
- 1 Tomatensaft
- 1 TL Apfelessig
- 1 Schuss Tabasco
- 1 Bund Schnittlauch
- 1/8 l Buttermilch
- Pfeffer
- Vollmeersalz

1. Paprika, Tomaten und Zwiebel in kleine Würfel schneiden, Knoblauch pressen
2. Einen kleinen Teil der Paprika- und Tomatenwürfel zum Garnieren beiseite stellen
3. Schnittlauch in kleine Röllchen schneiden
4. Paprika-, Tomaten-, Zwiebelwürfel und Knoblauch mit Tomatensaft und Gewürzen vermischen und fein pürieren
5. Buttermilch, restliche Tomaten- und Paprikawürfel darunter mischen, mit Schnittlauch garniert servieren

I feel good–Tipp: Verwenden Sie Tabasco sparsam – diese rote Soße aus fermentierten, gesalzenen Chilischoten schmeckt sehr feurig. Und servieren Sie diese Suppe auch einmal mit je 2 Eiswürfeln „on the rocks".

Exotische Avocadosuppe on the rocks

Zutaten:
- 1 Avocado, reif
- 1 Knoblauchzehe
- 60 g saure Sahne (Sauerrahm)
- 140 g Jogurt (3,6% Fett)
- 2 EL Zitronensaft
- 1 TL Zitronenschale, abgerieben
- 300 ml Gemüsesuppe, eisgekühlt
- 1 Pr. Chilli
- Vollmeersalz
- Pfeffer, schwarz
- 5 Eiswürfel

1. Avocado halbieren, entkernen, schälen und in grobe Würfel schneiden
2. Knoblauch zerdrücken
3. Avocado, Knoblauch und alle anderen Zutaten in einer großen Schüssel mit dem Mixstab zu einer glatten Suppe pürieren, mit Salz und Pfeffer abschmecken
4. Beim Servieren mit Zitronenschale garnieren

I FEEL GOOD–CHECK

♡ **schön – gesund – fit:** Avocados enthalten 30% Fett, aber auch die Vitamine A, C, E – also Antioxidantien, die u. a. den Alterungsprozess verzögern – und haben den höchsten Vitamin-B-Gehalt aller Früchte. Das Fruchtfleisch lässt sich gegen trockene Haut verwenden.

 Zubereitung: einfach

 Portionen pro Rezept: 2

 Zubereitungsdauer: 15 min

 Kalorien pro Portion: 160/220

Lauchsuppe mit Kresse

Zutaten:
- ½ Stange Lauch
- 1 Kartoffel, mittelgroß
- 1 Zucchino, klein
- 1 Zwiebel
- 1 EL Olivenöl, kaltgepresst
- 450 ml Gemüsesuppe
- 1 Becher Kresse
- 4 EL Jogurt
- Vollmeersalz
- Pfeffer
- 1 Pr. Curry

1. Lauch und Zucchino waschen, in feine Scheiben schneiden
2. Kartoffel und Zwiebel in kleine Würfel schneiden
3. Kresse waschen und abschneiden
4. Zwiebelwürfel in 1 EL Öl und 1 EL kaltem Wasser andünsten, Lauch und Curry kurz mitrösten
5. Zucchino, Kartoffel, Suppe, Salz und Pfeffer beifügen, zugedeckt bei mittlerer Hitze köcheln lassen, Kresse beimengen – etwas Kresse zum Garnieren beiseite stellen
6. Suppe pürieren, Jogurt beifügen und mit Kresse bestreut servieren

I feel good–Tipp: Sie können die Suppe auch kalt stellen und erst danach servieren. Oder auch Reste am nächsten Tag essen bzw. ins Büro mitnehmen.

Light-Supperl mit Knoblauch

Zutaten:
- 6 Knoblauchzehen
- 1 Zwiebel, klein (20 g)
- 1 EL Olivenöl, kaltgepresst
- ½ l Gemüse- oder Hühnersuppe
- 1 TL Vollkornmehl
- 1 Schuss Tabasco
- Vollmeersalz
- Pfeffer

1. Knoblauch und Zwiebel klein schneiden, im Olivenöl und 1 EL kaltem Wasser auf kleiner Flamme kurz anrösten
2. Mit der Suppe aufgießen, Mehl dazu rühren, würzen und ca. 5 min köcheln lassen
3. Mit dem Pürierstab pürieren und servieren

I FEEL GOOD–CHECK

♡ **schön – gesund – fit:** Wie der Name schon sagt, ist diese Suppe besonders „light", zudem enthält sie durch den Knoblauch auch schwefelhaltige Wirkstoffe, die positiv auf Blutdruck und Immunsystem wirken.

 Zubereitung: einfach

 Portionen pro Rezept: 2

 Zubereitungsdauer: 25 min/15 min

 Kalorien pro Portion: 160/80

Scharfes Kartoffelsüppchen

1. Zwiebel und Knoblauch schälen, grob hacken, Öl und 1 EL kaltes Wasser in einem Topf erhitzen, Zwiebel und Knoblauch glasig dünsten
2. Tomaten mit Flüssigkeit beimengen, zugedeckt 3 min garen und die Suppe pürieren
3. Kartoffeln schälen, waschen, klein schneiden, mit den Gewürzen beigeben und erneut ca. 15 min garen
4. Mandelblättchen in einer Pfanne ohne Öl kurz anrösten
5. Mozzarella abtropfen, klein schneiden, in die Suppe geben
6. Rucola waschen, in Streifen schneiden, der Suppe beimengen
7. Suppe in Teller anrichten und mit darüber gestreuten Mandelblättchen servieren

Zutaten:
2 Kartoffeln, mittelgroß
1 Zwiebel, klein
1 EL Olivenöl, kaltgepresst
2 Knoblauchzehen
½ Dose Tomaten, geschält
1 EL Mandelblättchen
450 ml Gemüsesuppe
½ Bund Rucola
1 Pr. Chili
Vollmeersalz
Pfeffer, schwarz
1 Kuhmilch-Mozzarella (60 g)

I feel good–Tipp: Unreife oder im Licht gelagerte Kartoffeln bilden das giftige Alkaloid Solanin – dieses wird auch durch Kochen nicht zerstört und kann Übelkeit, Bauchschmerzen sowie Durchfall verursachen. Essen Sie deshalb keine grünen und gekeimten Kartoffeln!

I FEEL GOOD–CHECK

♡ **schön – gesund – fit:** Die meisten Vitamine und Mineralstoffe stecken unter der Kartoffelschale, deshalb essen Sie so oft wie möglich ungeschälte Biokartoffeln. Verwenden Sie auch beim Kochen der Kartoffeln möglichst wenig Wasser, da ansonsten wertvolles Vitamin C verloren geht.

 Zubereitung: einfach

 Portionen: 2

 Zubereitungsdauer: 30 min

 Kalorien pro Portion: 260

Kulinarische Vorspeisen

Hier präsentieren wir Ihnen kleine Gerichte mit Kartoffeln, verschiedenen Gemüsesorten und Meeresfrüchten sowie exotische Avocadospeisen – als Vorfreude auf das folgende Hauptgericht. Bei diesen raffinierten, aber meist einfach zubereiteten Kreationen ist bestimmt auch für *Sie* das Richtige dabei! Probieren Sie einfach unsere Rezepte aus – vielleicht werden Sie dann überrascht feststellen, dass so manche köstliche Vorspeise alsbald zu Ihrer Lieblings*haupt*speise avanciert, weil Sie nicht genug davon bekommen können!

Hausgemachte Gnocchi

Zutaten:

350 g Kartoffeln, mehligkochend

100–120 g Hirse- oder Weizenvollkornmehl

½ TL Salz (+ Salz für das Kochwasser)

Streumehl

1. Kartoffeln waschen, salzen, in der Schale dämpfen, heiß schälen und durch eine Presse drücken
2. Kartoffeln mit ½ TL Salz und so viel Mehl verkneten, bis der Teig nicht mehr klebt
3. Teig zu etwa 2 cm dicken Rollen formen, diese alle 3 cm teilen, jedes Stück mit einer Gabel flach drücken
4. Gnocchi in siedendem Salzwasser ca. 2 min ziehen lassen, in kaltem Wasser abschrecken
5. Gnocchi auf Teller anrichten und mit der jeweiligen Soße übergießen

Hausgemachte Gnocchi passen hervorragend zu unseren Gemüserezepten.

I feel good–Tipp: Für Gnocci verwenden Sie am besten alte, weichkochende Kartoffel mit hohem Stärkegehalt, dadurch werden die Gnocchi leicht und zart.

I FEEL GOOD–CHECK

 schön – gesund – fit: Kohlehydrate – wie in Gnocchi enthalten – sind keine Dick- sondern Sattmacher!

 Portionen: 2

 Zubereitungsdauer: 30 min

 Kalorien pro Portion: 290

Zubereitung: einfach

Kürbis-Gnocchi

1 Hausgemachte Gnocchi nach Rezept (siehe Seite 104) zubereiten – gekaufte Gnocchi laut Packungsangabe kochen	**Zutaten:**
	Gnocchi nach Rezept auf Seite 104
2 Zwiebel und Knoblauch schälen, klein schneiden, Paprika in kleine Würfel schneiden, Kürbis schälen und grob reiben	200 g Kürbis, orange
	½ Paprika
3 Zwiebel in einem Topf im Olivenöl anrösten, Knoblauch, Lauch und Paprika kurz mit rösten, geriebenen Kürbis, 3 EL Wasser und Gewürze dazugeben und maximal 3 min köcheln lassen	½ Zwiebel
	1 Knoblauchzehe
	½ Stange Lauch
4 Sahne mit 1 TL Essig glatt rühren und unter Kürbisgemüse rühren	1 EL Olivenöl, kaltgepresst
5 Gnocchi auf Teller anrichten und mit Kürbisgemüse servieren	2 EL saure Sahne (Sauerrahm)
	1 TL Balsamico-Essig
	Vollmeersalz
	Pfeffer
	1 Pr. Ingwer
	1 Pr. Curry
	1 Pr. Cayennepfeffer

Extra-Tipp:

Wenn es schnell gehen soll, verwenden Sie anstelle unserer hausgemachten Gnocchi bereits fertige Gnocchi, lassen diese in Salzwasser ziehen (laut Packungsangabe) und servieren sie mit dem Gemüse.

I FEEL GOOD–CHECK

 schön – gesund – fit: Die Samen der Kürbisköpfe enthalten Phytosterine. Neben der Behandlung von Prostatabeschwerden weden auch parasitäre Würmer mit Kürbiskernen ausgetrieben.

Zubereitung: einfach

 Portionen: 2

 Zubereitungsdauer: 30 min

 Kalorien pro Portion (Gnocchi und Soße): 400

Gnocchi mit mediterraner Soße

Zutaten:
Gnocchi nach Rezept auf Seite 104
2 Tomaten, mittelgroß
2 EL Olivenöl, kaltgepresst
2 Knoblauchzehen
3 Jungzwiebeln
4 Sardellenfilets
1 Schuss Weißwein, trocken
1 EL Kapern
½ TL Zitronenschale, gerieben
4 Oliven, grün, mit Paprika gefüllt
½ Bund Rucola
Vollmeersalz
1 Pr. Cayennepfeffer
Basilikumblätter, frisch
1 TL Parmesan

1. Zubereitung der „Hausgemachten Gnocchi" nach Rezept Seite 104 oder fertig gekaufte Gnocchi laut Packungsangabe kochen

2. Tomaten kurz blanchieren, schälen, in kleine Würfel schneiden, Jungzwiebeln in feine Ringe schneiden, Knoblauch und Sardellen hacken, Oliven in dünne Scheiben schneiden, Zitronenschale abreiben, Rucola waschen, in Scheiben schneiden

3. Zwiebelröllchen und Knoblauch in Öl kurz anbraten, mit Weißwein ablöschen, Tomaten, Sardellen, Oliven, Kapern, Rucola, Zitronenschale, Salz, Cayennepfeffer dazugeben und 3 min mitdünsten

4. Gnocchi auf vorgewärmten Tellern anrichten, mediterrane Soße darüber verteilen, mit Basilikumblättern und Parmesan bestreut servieren

I FEEL GOOD–CHECK

schön – gesund – fit: Obst und Gemüse enthalten reichlich sekundäre Pflanzenstoff, die Sie nicht in Vitamintabletten finden. Sie wirken u. a. entzündungshemmend, regulieren Blutdruck und Cholesterinspiegel und schützen vor Herz-Kreislauf-Erkrankungen.

 Zubereitung: anspruchsvoll

 Portionen: 2

 Zubereitungsdauer: 30 min

 Kalorien pro Portion (Gnocchi und Soße): 440

Fitness-Spargel

Zutaten:

500 g Spargel, grün
2 EL Zitronensaft
1–2 Eiweiß
200 g Magerquark (Magertopfen)
2 EL saure Sahne (Sauerrahm) oder Jogurt
1–2 Knoblauchzehen
1 Bund Schnittlauch
Vollmeersalz
Pfeffer

1. Spargel waschen, putzen und in wenig kochendem Salzwasser knapp 20 min garen, danach abtropfen lassen
2. Spargel mit Zitronensaft beträufeln und abkühlen lassen
3. Eiweiß steif schlagen, Quark mit Sahne, Salz und Pfeffer cremig rühren, Schnittlauch waschen und in Röllchen scheiden, Knoblauch pressen
4. Schnittlauch, Knoblauch und Eischaum unter den Quark ziehen
5. Spargel auf Teller anrichten, Quarkcreme darüber gießen und mit restlichem Schnittlauch garnieren

I feel good–Tipp: Vorsicht, Fettfalle! Wenn Sie gekochten Spargel mit flüssiger Butter verzehren, addieren Sie zum schlanken Spargel ziemlich viele Kalorien.

I FEEL GOOD–CHECK

 schön – gesund – fit: Mit einer Portion Spargel von 200 g decken Sie bereits 35% der empfohlenen Tageszufuhr an Vitamin E. Mit der gleichen Menge an Schwarzwurzeln sogar 100%.

 Zubereitung: einfach

 Portionen: 2

 Zubereitungsdauer: 30 min

 Kalorien pro Portion: 120

I feel good-Avocado

1. Radieschen fein reiben, Kresse waschen und trocken tupfen, Knoblauch zerdrücken
2. Avocado halbieren, entsteinen, etwas vom Fruchtfleisch aushöhlen, zerdrücken und mit Zitronensaft vermischen
3. Radieschen, Knoblauch, zerdrücktes Avocadofruchtfleisch und Frischkäse vermengen, mit Salz und Pfeffer würzen und die Avocado damit füllen
4. Avocado dick mit Kresse bestreuen

Zutaten:
1 Avocado, reif
½ Zitrone
100 g Frischkäse
3 Radieschen
½ Knoblauchzehe
1 Karton Kresse
Vollmeersalz
Pfeffer

I feel good–Tipp: Avocados sind sehr fettreich, denn eine Portion von 150 g enthält rund 335 kcal und 35 g Fett. Da aber drei Viertel dieses Fettes aus ungesättigten Fettsäuren bestehen, sollte man Avocados aufgrund ihres Gesundheitswertes (gut für Cholesterinspiegel) doch öfter im Speiseplan einbauen.

I FEEL GOOD–CHECK

♡ **schön – gesund – fit:** 100 g Avocado decken den Tagesbedarf an Vitamin D. Aber Vorsicht: Vitamin D mag weder Licht noch Luft, es verflüchtigt sich schnell – also essen Sie den Aufstrich gleich nach der Zubereitung!

 Zubereitung: einfach

 Portionen: 2

 Zubereitungsdauer: 10 min

 Kalorien pro Portion: 270

Exotische Garnelen

Zutaten:

6 Garnelen, groß, roh

2 EL Sesamsamen

1 Knoblauchzehe

1 EL Sojasoße

1 TL Ingwer, frisch gerieben

1 EL Weißwein, trocken

1 TL Sesamöl, kaltgepresst

Salz

1. Garnelen schälen (Schwänze daran lassen)
2. Knoblauchzehe zerdrücken, mit Ingwer, Öl, Sojasoße, Wein und 1 Pr. Salz mischen
3. Garnelen dazugeben, zudecken und 30 min im Kühlschrank ziehen lassen
4. Garnelen aus der Marinade nehmen und auf kleine Bambusspieße (vorher in Wasser einweichen, damit sie nicht anbrennen) stecken
5. Spieße in Sesam wälzen und ca. 3 min grillen oder in einer Pfanne mit wenig Öl braten

Extra-Tipp:

Bewahren Sie frischen Ingwer in einer kleinen Plastiktüte im Gefrierfach Ihres Kühlschrankes auf, Sie können ihn bei Bedarf auch im gefrorenen Zustand über die Speisen reiben.

I feel good–Tipp: Geschmacklich passen hierzu hervorragend unser „Erdnuss-Dip" von Seite 88 sowie das „Irische Brot" von Seite 64.

I FEEL GOOD–CHECK

 schön – gesund – fit: Sesamkörner enthalten bis zu 50% Öl und 20% Eiweiß. Sesam ist reich an ungesättigten Fettsäuren, Vitamin E, B-Vitaminen, Magnesium, Kalzium und Phosphor.

 Zubereitung: einfach

 Portionen: 2

 Zubereitungsdauer: 40 min

 Kalorien pro Portion: 180

Überbackene Muscheln

1. Backofen auf 180 °C vorheizen
2. Miesmuscheln gut abbürsten, Bärte entfernen, bereits geöffnete Muscheln aussortieren
3. Muscheln in wenig Wasser 3 min kochen, bis sie sich öffnen, die obere Hälfte entfernen und etwas auskühlen lassen, geschlossene Muscheln wegwerfen
4. Zwiebel klein schneiden, im Olivenöl kurz anrösten
5. Tomate schälen, klein hacken, Knoblauch zerdrücken, beides der gerösteten Zwiebel beigeben
6. Vom Herd nehmen, mit Salz, Pfeffer und Cayennepfeffer abschmecken
7. Füllung mit einem kleinen Löffel auf die Muschelhälften geben
8. Semmelbrösel und Parmesan vermischen und die Muscheln damit bestreuen
9. Muscheln auf ein Backblech legen und 10 min backen, bis sich eine Kruste gebildet hat

Zutaten:
6–8 Miesmuscheln, groß
½ Zwiebel, klein
1 EL Olivenöl, kaltgepresst
1 Tomate
1 Knoblauchzehe
2 TL Paniermehl (Semmelbrösel)
2 TL Parmesan, gerieben
Vollmeersalz
Pfeffer
1 Pr. Cayennepfeffer

I feel good–Tipp: Miesmuscheln sind fettarm, so haben 100 g nur 51 kcal und 1,34 g Fett. Ihren Tagesbedarf an Jod und Selen decken Sie mit 200 g Miesmuscheln.

I FEEL GOOD–CHECK

♡ **schön – gesund – fit:** Miesmuscheln enthalten viel Vitamin B$_{12}$, das für zahlreiche Stoffwechselreaktionen sowie für gute Nerven unverzichbar ist.

Zubereitung: einfach

 Portionen: 2

 Zubereitungsdauer: 30 min

 Temperatur – Backen: 180 °C (Umluft 160 °C)

 Kalorien pro Portion: 165

Türkische Patates

Zutaten:

250 g Kartoffeln, mehlig
Vollmeersalz
50 g Bulgur
½ Stange Lauch
1 Tasse Kresse, gehackt
2 EL Zitronensaft
2 EL Olivenöl, kaltgepresst
1 Pr. Chili
1 Bund Rucola

1. Kartoffeln schälen, würfelig schneiden, mit Salzwasser bedeckt 15 min kochen
2. Bulgur mit kochendem Kartoffelwasser übergießen – bis die Körner bedeckt sind – und 15 min quellen lassen
3. Restliches Wasser abgießen, die Kartoffeln durch eine Presse drücken oder mit einer Gabel zerdrücken
4. Lauch waschen, mehrmals längs einschneiden, in kleine Würfel schneiden, mit Kresse, Zitronensaft und Olivenöl in das Püree rühren
5. Bulgur und Chili untermischen
6. Aus dem Püree Röllchen formen und auf den gewaschenen Rucolablätter anrichten

Extra-Tipp:

Mehligkochende Kartoffeln erkennen Sie daran, dass sie nach dem Kochen locker und trocken sind. Gängige Sorten: Adretta, Aula, Bintje, Datura, Irmgard, Likaria, Maritta.

I feel good–Tipp: Augenmaske: 2 dünne Scheiben rohe Kartoffeln auf die geschlossenen Augen legen, einige Minuten entspannen – wirkt abschwellend und erfrischend.

I FEEL GOOD–CHECK

♡ **schön – gesund – fit:** Bulgur ist ein traditionelles, jahrhundertaltes Weizengericht aus vorgegartem Hartweizenschrot. Es stammt aus dem Nahen und Mittleren Osten und ist vielseitig einzusetzen: als Suppeneinlage, Beilage zu Fleisch, Fisch und Gemüse sowie als süßes Dessert.

 Zubereitung: einfach

 Portionen: 2

 Zubereitungsdauer: 45 min

 Kalorien pro Portion: 260

Patate al Pizzaiolo

Zutaten:

½ kg Kartoffeln, festkochend, mittelgroß

½ Bund Basilikum

1 EL Olivenöl, kaltgepresst

15 g Sonnenblumenkerne

1 Tomate, klein (100 g)

5 Oliven, grün (gefüllt) oder schwarz

½ Kugel Mozzarella

Vollmeersalz

Pfeffer

1 TL Zitronensaft

1. Kartoffeln waschen und bürsten, im Siebeinsatz mit der Schale weich kochen, längs halbieren
2. Basilikum waschen, mit Olivenöl und Sonnenblumenkernen im Mixer zu einer Paste verarbeiten, mit Salz, Pfeffer und Zitronensaft würzen
3. Backofengrill anheizen, Backblech einfetten
4. Tomate waschen, mit Oliven in Scheiben schneiden, Mozzarella in kleine Würfel schneiden
5. Schnittfläche der Kartoffeln mit Basilikumpaste bestreichen, mit Tomaten- und Olivenscheiben belegen, Mozzarellawürfel darauf verteilen, pfeffern und auf das Blech legen
6. Kartoffeln mit Oberhitze ca. 5 min gratinieren

I feel good–Tipp: Festkochende Kartoffeln erkennen Sie am glatten, festen Fleisch, das beim Kochen nicht zerfällt. Gängige Sorten: Hansa, Nicola, Selma, Sieglinde.

I FEEL GOOD–CHECK

♡ **schön – gesund – fit:** Kartoffeln enthalten viel Selen, ein so genanntes „Zellschutz-Spurenelement".

 Portionen: 2

 Zubereitungsdauer: 50 min

 Zubereitung: einfach

 Kalorien pro Portion: 360

Hauptgerichte mit Gemüse

Kochen mit Gemüse begeistert nicht nur Vegetarier. Mit diesen vitamin- und nährstoffreichen Rezepten wollen wir Ihnen zeigen, dass es abseits vom Fleischgenuss auch wunderbar schmeckende Gemüsegerichte gibt. Lassen Sie sich durch die bunte, vielfältige Gemüsewelt von A wie Aubergine bis Z wie Zucchini führen.

Zucchini-Curry

Zutaten:

1 Zucchino, klein
1 Tomate, klein
½ Stange Lauch
½ Paprika, grün
2 Knoblauchzehen
½ Zwiebel, klein
1–2 EL Sonnenblumenkerne
1 EL Olivenöl, kaltgepresst
1 EL Wasser, kalt
1 EL Kapern
½ TL Zitronenschale, abgerieben
½ TL Ingwer, frisch gerieben (oder Pulver)
1–2 TL Currypulver
1 Pr. Zucker
1 Pr. Kümmel, gemahlen
1 Pr. Chili, gemahlen
150 ml Gemüsesuppe
50 ml Weißwein, trocken
1 EL saure Sahne (Sauerrahm)
Vollmeersalz
Pfeffer
1 TL Petersilie, gehackt

1. Zwiebel und Knoblauch fein schneiden
2. Gemüse waschen, Zucchino und Lauch längs halbieren, in ½ cm dicke Scheiben bzw. dünne Streifen schneiden, Tomate in kleine Würfel, Paprika in 2 cm lange Streifen schneiden
3. Olivenöl mit 1 El Wasser in einem Topf erhitzen, Zwiebel, Knoblauch, Ingwer, Sonnenblumenkerne unterrrühren und anbraten
4. Lauch und Curry dazugeben, kurz mitrösten
5. Zucchino beigeben, ca. 5 min andünsten, mit Weißwein ablöschen
6. Gemüsesuppe, Paprika, Tomaten, Kapern, abgeriebene Zitronenschale und restliche Gewürze beigeben, zugedeckt ca. 5 min dünsten – das Gemüse sollte noch bissfest sein
7. Von der Flamme nehmen, Sahne einrühren, mit Petersilie garniert anrichten

Extra-Tipp:

Essen Sie Zucchini – die italienische Variante des Sommerkürbis – je nach Belieben gebacken, gedämpft, sautiert oder – wie bei unserem folgenden Rezept – köstlich gefüllt.

I feel good–Tipp: Sehr schmackhaft: Schneiden Sie eine halbe Mozzarellakugel in kleine Würfel und verteilen Sie den Käse vor dem Servieren auf dem Gemüse.

I FEEL GOOD–CHECK

schön – gesund – fit: Mit ½ Paprika decken Sie Ihren täglichen Vitamin-C-Bedarf. Frauen, die die Pille nehmen, Schwangere, Stillende, Raucher/innen sowie gestresste Personen haben einen erhöhten Vitamin-C-Bedarf.

 Zubereitung: einfach

 Portionen: 2

 Zubereitungsdauer: 25 min

 Kalorien pro Portion: 160

Gefüllte Zucchini

	Zutaten:
1 Zucchini längs halbieren, Zucchinifleisch mit einem Löffel heraus kratzen, einen Rand von ½ cm stehen lassen, Zucchinifleisch klein hacken	2 Zucchini, mittelgroß
2 Olivenöl in einer Pfanne erhitzen, Knoblauch klein hacken und unter Rühren kurz anbraten	1–2 EL Olivenöl, kaltgepresst
3 Zucchinifleisch beigeben, salzen, unter Rühren 5 min einkochen	1–2 Knoblauchzehen
4 Blattspinat waschen, in Salzwasser ca. 2 min blanchieren, in einem Sieb abtropfen lassen und fein schneiden (Tiefkühlspinat leicht antauen, 2 min in etwas Öl andünsten)	150 g Blattspinat, frisch oder tiefgekühlt
5 Geröstetes Zucchinifleisch mit Spinat, Ricotta, Vollkorntoastbröseln, Ei, Petersilie und Muskat vermengen	50 g Ricotta oder Schafskäse
6 Mischung mit Salz und Pfeffer abschmecken, in die Zucchinihälften geben	1 Scheibe Vollkorntoast, zerbröselt
7 Flache Auflaufform mit Öl ausstreichen, Zucchini nebeneinander hinein legen, mit etwas Öl beträufeln	1 Ei
8 Zucchini im vorgeheizten Ofen bei mittlerer Hitze ca. 15–20 min überbacken	1 EL Petersilie
	Vollmeersalz
	Pfeffer
	1 Pr. Muskat

I feel good–Tipp: Knoblauch ist nicht nur in der italienischen Küche ein Muss – wenn Sie den intensiven Gruch dieses Zwiebelgewächses jedoch etwas abschwächen möchten, legen Sie Knoblauch in Milch ein und entfernen Sie die gelbgrünen Triebe.

I FEEL GOOD–CHECK

 schön – gesund – fit: Zucchini können Sie in Längsstreifen geschnitten mit einem unserer Dips snacken – praktisch auch zum Mitnehmen ins Büro.

 Portionen: 2

 Zubereitungsdauer: 45 min

 Zubereitung: anspruchsvoll

 Kalorien pro Portion: 220

Eierschwammerlgulasch

Zutaten:

- 130 g Pfifferlinge (Eierschwammerl)
- 1 EL Olivenöl, kaltgepresst
- 1 Zwiebel, klein (50 g)
- 1 Pr. Paprikapulver, edelsüß
- 1 TL Obstessig
- Vollmeersalz
- Pfeffer, schwarz
- 1 TL Vollkornweizenmehl
- 80 g saure Sahne (Sauerrahm)
- 1 TL Petersilie

1. Pilze waschen und putzen, je nach Größe ganz lassen oder klein schneiden
2. Zwiebel klein würfeln, in Öl kurz glasig braten, mit Paprika bestäuben, mit Essig ablöschen
3. Pilze mit Salz und Pfeffer würzen, zugedeckt ca. 8 min garen lassen
4. Mehl mit Sahne gut verrühren, unter die Pilze mengen, ca. 3 min köcheln lassen
5. Mit gehackter Petersilie garniert servieren

I feel good–Tipp: Als Beilage empfehlen wir unsere Gnocci zum Selbermachen (siehe Rezept Seite 104), Petersilkartoffeln oder Semmelknödel.

Blumenkohl di Napoli

Zutaten:

- ½ Blumenkohl (Karfiol)
- 1 kleine Dose Tomaten, geschält (425 g)
- 1 EL Olivenöl, kaltgepresst
- 1 Zwiebel, mittelgroß
- 10 Oliven, gefüllt
- 3 TL Kapern
- ½ TL Zucker
- Vollmeersalz
- Pfeffer
- ½ TL Ingwer, gerieben, frisch
- 1 TL Sojasoße
- 1 Spritzer Tabasco

1. Blumenkohl waschen, in Röschen zerteilen und im Siebeinsatz 5 min „al dente" dämpfen
2. Tomaten inklusive Saft im Mixer pürieren
3. Öl mit 1 EL kaltem Wasser in einer Pfanne erhitzen, Zwiebel klein hacken und beigeben
4. Pürierte Tomaten, in Scheiben geschnittene Oliven, gehackte Kapern, Ingwer, Tabasco, Sojasoße, Salz, Pfeffer und Zucker beimengen, auf kleiner Flamme ca. 5 min köcheln lassen
5. Blumenkohlröschen mit Soße vermengen und servieren

I FEEL GOOD–CHECK

 schön – gesund – fit:
Blumenkohl ist reich an Vitamin C – mit einer Portion von 200g decken Sie den empfohlenen Tagesbedarf und schützen sich damit vor Erkältungskrankheiten.

 Zubereitung: einfach

 Portionen: 2/4

 Zubereitungsdauer: 20 min/30 min

 Kalorien pro Portion: 130/170

Mediterranes Okra-Gemüse

	Zutaten:
1. Tomaten 30 Sekunden in kochendes Wasser tauchen, kalt abschrecken, enthäuten, klein schneiden	250 g Okraschoten
2. Stielansätze der gewaschenen Okraschoten abschneiden, ohne die Schoten zu beschädigen, damit der Saft nicht auslaufen kann	2 Tomaten, klein
	1 Zwiebel, mittelgroß
3. Auf einem Teller 2 EL Essig und 1 EL Salz vermischen und jede Okra mit der Schnittfläche in die Mischung tauchen	2 Knoblauchzehen
	2 EL Olivenöl, kaltgepresst
4. Zwiebel schälen, hacken, Knoblauch schälen und pressen, Öl in einer Pfanne erhitzen, Zwiebel und Knoblauch darin glasig dünsten	1 EL Zitronensaft
	1–2 EL Rotwein (nach Wunsch)
5. Okraschoten beigeben, kurz mitbraten	Vollmeersalz
6. Tomaten, Zucker, Zitronensaft, Rotwein beimengen, mit Gewürzen abschmecken	Pfeffer
	1 Pr. Cayennepfeffer
7. 10 min köcheln lassen, öfters umrühren	1 Pr. Zucker
	2 EL Essig

I feel good–Tipp: Essen Sie dieses Gemüse heiß mit Reis oder lauwarm mit Weißbrot – als Hauptspeise ebenso wie als Beilage.

Extra-Tipp:

Okraschoten sind fingerlange, fünfseitige, grüne, feste Schoten mit Stielansatz, die in der griechischen, ägyptischen, türkischen Küche sowie in der Küche des Fernen Ostens ihren festen Platz haben.

I FEEL GOOD–CHECK

 schön – gesund – fit: Okra ist auch in Dosen, tiefgefroren oder getrocknet erhältlich. 100 g von diesem „Schlankmacher-Gemüse" enthalten nur 33 kcal.

 Zubereitung: einfach

 Portionen: 2

 Zubereitungsdauer: 40 min

 Kalorien pro Portion: 170

Griechisches Mussaka

Zutaten:

- 2 Zwiebeln, mittelgroß
- 2 EL Olivenöl, kaltgepresst
- 2 Knoblauchzehen
- 20 g Walnusskerne
- 2 Tomaten, klein (250 g)
- 200 g Kartoffeln, mehlig
- ½ Bund Petersilie
- ½ Aubergine (Melanzzani) (ca. 150 g)
- 1 Zucchino
- Vollmeersalz
- Pfeffer, schwarz
- 1 Pr. Cayennepfeffer
- 1 Msp. Zimt
- 1 Pr. Muskatnuss, frisch gerieben
- 1 Ei
- 80 g Gouda, mittelalt
- 20 g Weizenvollkornmehl
- ¼ l Milch
- 20 g Butter

1. Zwiebeln und Knoblauch schälen, klein schneiden, Walnusskerne fein zerhacken
2. Zwiebeln, Walnusskerne, mit Öl in einem Topf bei schwacher Hitze 5 min weich dünsten, öfters umrühren – danach mit Salz, Pfeffer, Cayennepfeffer und Zimt würzen, einige Sekunden mitrösten
3. Milch langsam dazu gießen, Mehl mit einem Schneebesen unterrühren – bis die Soße glatt ist, zugedeckt bei schwacher Hitze ca. 5 min köcheln, Topf von der Kochstelle nehmen, Käse, Muskatnuss und Ei dazu rühren, mit Salz abschmecken
4. Zucchino, Aubergine waschen, abtrocknen und in ½ cm dicke Scheiben schneiden, Kartoffeln schälen, waschen, abtrocknen, auf dem Gurkenhobel in dünne Scheiben schneiden, Tomaten abziehen und würfeln, Petersilie fein hacken
5. Eine Auflaufform mit etwas Butter ausstreichen, Zucchino, Aubergine, Kartoffeln, Tomaten und Petersilie schichtweise in die Form füllen, jede Schicht mit Käsesoße übergießen und mit Salz würzen, als Abschluss den Rest der Käsesoße auf dem Mussaka glatt streichen
6. Mussaka in den kalten Backofen stellen, etwa 1 Stunde bei 200 °C backen (Umluft 180 °C) – bis die Oberfläche braun gefärbt ist

I feel good–Tipp: Servieren Sie als Beilage einen knackigen Tomatensalat mit frischen Kräutern und knuspriges Fladenbrot.

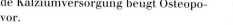

I FEEL GOOD–CHECK

schön – gesund – fit: 1 Portion Gouda (30 g) enthält 246 mg Kalzium – dies entspricht ca. 20% des täglichen Bedarfes. Eine ausreichende Kalziumversorgung beugt Osteoporose vor.

 Zubereitung: anspruchsvoll

 Portionen: 2–3

 Zubereitungsdauer: 1 Std. 30 min

 Kalorien pro Portion: 580 bzw. 385

Lauchkuchen

Zutaten:
Springform mit 26–28 cm ⌀:
Teigboden:
15 g Hefe (Germ)
150 ml Buttermilch, lauwarm
250 g Vollkornweizenmehl
1 TL Brotgewürz
25 g Butter, weich
Vollmeersalz
25 g Hartkäse
Belag:
200 g Zwiebeln
250 g Lauch
30 g Butter
1 Gemüsesuppenwürfel
1–2 TL Weißweinessig
Pfeffer, schwarz
150 g Hartkäse
2 Eier
150 g Crème fraîche
150 g Magerquark (Magertopfen)
3 Knoblauchzehen
2 EL Sonnenblumenkerne
5–10 Oliven
Kokosfett, ungehärtet – für die Form

1. Hefe in Buttermilch auflösen, das Mehl unter die Hefemilch rühren, Butter, ½ TL Salz, Brotgewürz und geriebenen Käse unterarbeiten, Teig mit Küchenmaschine oder Hand 10 min kräftig kneten – Teig sollte mittelweich sein, bei Bedarf noch etwas Wasser oder Mehl zugeben, danach zugedeckt an einem warmen Ort 30 min aufgehen lassen
2. Inzwischen für den Belag Zwiebeln in schmale Streifen schneiden, Lauch putzen, längs aufschneiden und gründlich waschen, 1 cm dicke Streifen schneiden, Knoblauch pressen
3. Zwiebelstreifen in Butter andünsten, Lauch, 2 EL Wasser, Essig und zerbröckelte Suppenwürfel dazugeben, Gemüse bei mittlerer Hitze zugedeckt etwa 5 min knapp weich dünsten, mit Pfeffer abschmecken
4. Form einfetten, Teig durchkneten, ausrollen und die Form damit auslegen – dabei einen Rand von etwa 3½ cm hochziehen
5. Käse raspeln, die Hälfte davon auf dem Teigboden verteilen und die Lauch-Zwiebel-Mischung darauf ausbreiten, restlichen Käse darüber streuen, Eier mit Crème fraîche, Quark, Knoblauch und je einer kräftigen Prise Salz und Pfeffer verquirlen, über den Kuchen gießen
6. Sonnenblumenkerne sowie entkernte, in Scheiben geschnittene Oliven darüber streuen
7. Lauchkuchen in den kalten Backofen stellen, bei 200 °C 40–45 min hellbraun backen

I feel good–Tipp: Bevorzugen Sie griechische oder italienische Oliven – diese sind von besonders hoher Qualität.

I FEEL GOOD–CHECK

♡ **schön – gesund – fit:** Mit Lauch können Sie einen Beitrag zu Ihrer Vitamin-A-Versorgung leisten, was wiederum einen positiven Einfluss auf Ihre Sehfähigkeit und Hirnfunktion ausübt.

 Zubereitung: anspruchsvoll

 Portionen: 4

 Zubereitungsdauer: 1 Std. 30 min

 Temperatur – Backen: 200 °C (Umluft 180 °C)

 Kalorien pro Portion: 710

Spinattorte

Zutaten:
Springform von 26–28 cm ⌀:
Teig:
250 g Vollkornweizenmehl
15 g Hefe (Germ)
150 ml Buttermilch, lauwarm
1 Gemüsesuppenwürfel
1 TL Brotgewürz
1 EL Olivenöl, kaltgepresst
Belag:
250 g Spinatblätter
Salz
4 Knoblauchzehen
400 g Ricotta
3 Eier
Muskatnuss, gerieben
Pfeffer, schwarz
1 Pr. Cayennepfeffer
25 g Parmesan (oder anderer Reibkäse)
100 g Crème fraîche
Kokosfett, ungehärtet – für die Form

1 Hefe und Suppenwürfel in Buttermilch auflösen, 1 EL Öl zufügen, Mehl mit Salz und Brotgewürz vermischen, mit Hefemilch verrühren, Teig mit Küchenmaschine oder Hand 10 min kräftig kneten – Teig sollte mittelweich sein, bei Bedarf noch Mehl oder Wasser zugeben, anschließend zugedeckt an einem warmen Ort 30 min aufgehen lassen

2 Inzwischen für den Belag den Spinat in etwas Salzwasser ca. 3 min blanchieren, in einem Sieb abtropfen lassen, überschüssiges Wasser ausdrücken, Spinat hacken

3 In einer Schüssel Ricotta mit Spinat, verschlagenen Eiern, Crème fraîche, gehacktem Knoblauch, Muskatnuss, Salz, Pfeffer, Cayennepfeffer zu einer geschmeidigen Masse verrühren

4 Form einfetten, Teig durchkneten, ausrollen und die Form damit auslegen – dabei einen Rand von etwa 3½ cm hochziehen

5 Spinatmasse auf Teigboden verteilen, Parmesan darauf streuen

6 Spinattorte in den kalten Backofen (untere Schiene) stellen, bei 180 °C (Umluft 160 °C), ca. 30 min backen, bis sich die Füllung gesetzt hat und die Oberfläche goldbraun ist

> *I feel good*–Tipp: Aufgrund eines Kommafehlers im letzten Jahrhundert enthielten 100 g Spinat fälschlicherweise 35,0 mg Eisen – der richtige Wert lautet jedoch 3,50 mg. Der Spinatlieferant Popeye war fälschlicherweise Leitbild für Generationen von Kindern.

I FEEL GOOD–CHECK

 schön – gesund – fit: Schlemmen Sie sich gesund – diese Spinattorte enthält die Vitamine A und C, Kalium, Kalzium, Eisen und Zink.

Zubereitung: anspruchsvoll

 Portionen: 4

 Zubereitungsdauer: 1 Std. 30 min

 Temperatur – Backen: 200 °C (Umluft 180 °C)

 Kalorien pro Portion: 610

Broccoli-Mozzarella-Gratin

Zutaten:

- 300 g Broccoliröschen
- 200 g Karotten
- 150 g Erbsen (tiefgekühlt)
- 2 Tomaten (250 g)
- 1 Zwiebel
- 1 Knoblauchzehe
- 1 Kugel Mozzarella
- 100 g saure Sahne (Sauerrahm)
- 150 Jogurt (3,6% Fett)
- 2 EL Sesamsamen
- 2 EL Sesamöl, kaltgepresst
- ½ Gemüsesuppenwürfel
- 1 Schuss Worcestersoße
- 1 Pr. Muskatpulver
- Kräutersalz
- Pfeffer
- 1 Bund Basilikum, gehackt

1. Broccoli waschen, in kleine Röschen teilen, Karotten und Tomaten in Scheiben schneiden, Zwiebel in Ringe schneiden, Knoblauch fein hacken

2. Zwiebel im Öl kurz glasig dünsten, Knoblauch, Gemüse und 2 EL Wasser dazugeben, Suppenwürfel und restliche Gewürze beifügen, umrühren, zudecken und ca. 6 min dünsten

3. Eine Auflaufform mit wenig Sesamöl auspinseln, Gemüse darin verteilen, Sahne und Jogurt gut verrühren, mit etwas Salz und Pfeffer würzen, in kleine Würfel geschnittenen Mozzarella dazu mengen und auf dem Gemüse verteilen, mit Sesam und gehackten Basilikumblättern bestreuen

4. Auflauf im vorgeheizten Backofen bei 200 °C etwa 20 min backen

I feel good–Tipp: Broccoli hat ein ähnliches Aroma wie Blumenkohl oder Spargel. Achten Sie beim Einkauf von Broccoli auf feste Röschen.

Extra-Tipp:

Auflauf können Sie auch als kalte Vorspeise servieren: in Scheiben geschnitten, mit Rohkost (Tomaten, Gurken, Salat ...) und einem unserer Dips.

I FEEL GOOD–CHECK

 schön – gesund – fit: Broccoli enthält Chlorophyll – erhöht die Leistungsfähigkeit der roten Blutkörperchen – sowie Magnesium, Kalium, Kalzium, Eisen und die Provitamine A und C.

 Zubereitung: einfach

 Portionen: 2

 Zubereitungsdauer: 40 min

 Temperatur – Backen: 200 °C (Umluft 180 °C)

 Kalorien pro Portion: 530

Kartoffel-Lauch-Auflauf

	Zutaten:
❶ Lauch waschen, in Ringe schneiden, Kartoffeln unter fließendem Wasser gut bürsten, trocknen, mit dem Gurkenhobel in dünne Scheiben schneiden, Knoblauch pressen, Schnittlauch waschen, in Röllchen schneiden	300 g Kartoffeln
	200 g Lauch
	1 Knoblauchzehe
❷ ¾ vom Käse mit Lauch und Kartoffeln mischen, mit Salz, Pfeffer würzen, in eine leicht eingefettete Auflaufform füllen	50 g Butterkäse, gerieben
❸ Sahne, Quark und Ei gut verrühren, mit Cayennepfeffer, Muskat, Salz und Pfeffer würzen, den Großteil des Schnittlauchs dazugeben	100 g saure Sahne (Sauerrahm)
❹ Soße über das Gemüse gießen, restlichen Käse und Schnittlauch darauf verteilen, Mandelblättchen darüber streuen	100 g Magerquark (Magertopfen)
	15 g Butter
❺ Einige Butterflöckchen darauf verteilen, bei 200 °C etwa 45 min goldbraun backen	1 Ei
	Vollmeersalz
	Pfeffer
	1 Pr. Cayennepfeffer
	1 Pr. Muskatpulver
	½ Bund Schnittlauch
	1 EL Mandelblättchen

I feel good–Tipp: Zum Einfrieren lassen Sie den Auflauf etwas auskühlen und portionieren ihn im lauwarmen Zustand. Verpacken Sie die Stücke in Alu- oder Gefrierfolie und frieren Sie diese lauwarm ein – so bleibt der Auflauf auch nach dem Auftauen frisch.

I FEEL GOOD–CHECK

 schön – gesund – fit: Als Alternative zum fetten Kantinenessen für Ihre Wohlfühlfigur: zum Mitnehmen in die Arbeit geeignet!

 Zubereitung: anspruchsvoll

 Portionen: 2

 Zubereitungsdauer: 60 min

 Temperatur – Backen: 200 °C (Umluft 180 °C)

 Kalorien pro Portion: 380

Gourmet-Gemüse-Pizza

Zutaten:

Pizzaboden:
20 g Hefe (Germ)
200 ml Wasser
1 TL Salz
1 TL Brotgewürz
350 g Weizenvollkornmehl
1 EL Olivenöl, kaltgepresst

Belag:
1 Dose Tomaten, geschält
2 Knoblauchzehen
1 Stange Lauch
1 Paprika, orange
100 g Mais (Dose)
4 Champignons
1–2 EL Kapern
10 Oliven, schwarz, entkernt
1 Kugel Mozzarella
30 g Parmesan (oder Geheimrats- oder Bierkäse)
2 EL Olivenöl, kaltgepresst
Vollmeersalz
1 Msp. Cayennepfeffer
Pfeffer
2 EL Pinienkerne

① Für den Teig lauwarmes Wasser, Salz, Brotgewürz und Hefe verrühren, Mehl und Öl dazu rühren, Masse mit Knethaken vom Rührgerät oder mit der Hand so lange verkneten, bis sich der Teig von der Schüssel löst (ca. 10 min), bei zu festem Teig 1–2 El Wasser dazugeben, bei zu klebrigem Teig ein wenig Mehl

② Teig zugedeckt ca. 20 min aufgehen lassen

③ Teig kurz durchkneten, dünn ausrollen, auf Backblech mit Backpapier legen

④ Lauch waschen, in feine Ringe schneiden, Paprika waschen, entkernen, in Streifen schneiden, Champignons waschen, in Scheiben schneiden, Mozzarella in Streifen schneiden, Hartkäse reiben

⑤ Geschälte Tomaten aus der Dose nehmen, mit der Gabel zerdrücken, mit gepresstem Knoblauch, 2 EL Olivenöl, Salz, Cayennepfeffer vermischen, auf dem Pizzaboden verteilen

⑥ Lauch, Paprikastreifen, Kapern, Oliven und Mais darauf verteilen, Pizza je zur Hälfte mit Mozzarellastreifen und Parmesan belegen, Pinienkerne darauf streuen

⑦ Im vorgeheizten Backofen bei 200 °C (Umluft 180 °C) etwa 30 min backen

I feel good–Tipp: Für vegetarische Pizza können Sie verschiedene Gemüsesorten verwenden: Broccoli, Zucchini, Erbsen, Zwiebeln, Mais, Spinatblätter, Blumenkohl, Staudensellerie etc. Wenn Sie nicht Vegetarier sind, belegen Sie Ihre Pizza mit Schinken, Putenschinken oder Thunfisch.

I FEEL GOOD–CHECK

 schön – gesund – fit:
Kreieren Sie Ihre eigene „schlanke" Pizza und verwöhnen Sie am nächsten Tag damit auch Ihre Kollegen im Büro.

 Zubereitung:
anspruchsvoll

 Portionen: 4

 Zubereitungsdauer:
1 Std. 20 min

 Temperatur – Backen:
200 °C (Umluft 180 °C)

 Kalorien pro Portion: 565

Strudelteig hausgemacht

Zutaten:

200 g Dinkel- oder Weizenvollkornmehl, sehr fein gemahlen

100 g Wasser, lauwarm

2 EL Öl, kaltgepresst

1 EL Zitronensaft (oder Essig)

½ TL Vollmeersalz

Zur Verarbeitung:

2 EL Buttermilch – zum Bestreichen des Teiges

50 g Vollkornmehl als Streumehl

1 El Olivenöl zum Bestreichen

Backpapier für das Blech

1. Mehl, Wasser, Öl, Zitronensaft und Salz ca. 5 min zu einem glatten Teig verkneten, eine Kugel formen, mit 1 EL Öl bestreichen
2. Teig zugedeckt an einem warmen Ort ca. 30 min ruhen lassen
3. Wie auf den nächsten Seiten beschrieben weiterverarbeiten, füllen und backen

I FEEL GOOD–CHECK

 schön – gesund – fit: Weizen zeichnet sich vor allem durch seinen hohen Vitamin-E-Gehalt und seine ungesättigten Fettsäuren aus. Vitamin E wird auch als Arterienschutz-Vitamin bezeichnet.

Zubereitung: anspruchsvoll

 Portionen: 1 Strudel

 Zubereitungsdauer: 1 Std. 30 min

 Temperatur – Backen: 180 °C (Umluft 160 °C)

 Kalorien gesamt: 1140

Vitaminmix-Strudel

Zubereitung der Fülle – während der Teig ruht:

1. Gemüse waschen, in kleine Würfel schneiden
2. Zwiebel im Öl glasig dünsten, mit einem Schuss Weißwein (oder Wasser) ablöschen, restliches Gemüse beifügen, mit Kräutersalz, Gemüsesuppenwürfel, Pfeffer, Muskat, Kümmel, Curry würzen, 3 min dünsten, etwas auskühlen und Flüssigkeit abtropfen lassen
3. Quark, Crème fraîche, geriebenen Käse, Ei, Schnittlauch, Kürbiskerne verrühren, mit dem Gemüse mischen

Strudelherstellung:

1. Ein großes Küchentuch mit Mehl bestäuben, Teig darauf legen, rundum bemehlen, Teig auf dem Tuch ca. 50 × 60 cm ausrollen, $2/3$ der Teigfläche (auf der Längsseite) dünn mit flüssiger Butter bestreichen, mit Vollkornbröseln bestreuen
2. Fülle auf die mit Butter bestrichene Seite des Teiges dünn verteilen, dabei oben und unten 2 cm frei lassen
3. Seiten einschlagen und den Strudel durch Anheben des Tuches von der längeren, belegten Seite her aufrollen, auf das mit Backpapier ausgelegte Blech legen – die Strudelnaht sollte dabei unten zu liegen kommen
4. Strudel mit Buttermilch oder flüssiger Butter bestreichen, im vorgeheizten Backrohr bei 170–180 °C etwa 30–40 min goldbraun backen
5. Tipp: Wenn Sie den Strudel 5–10 min vor Ende der Backzeit noch einmal bestreichen, wird der Teig knusprig und schön braun
6. Strudel nach dem Backen etwa 5–10 min abkühlen lassen – er lässt sich dann besser schneiden und zerfällt nicht so leicht

Zutaten:

Vitaminmix-Fülle:

1 Zwiebel, mittelgroß	
3 Knoblauchzehen	
1 Paprika, rot	
1 Karotte	
100 g Erbsen	
1 Stange Lauch	
2 Kartoffeln, mittelgroß, gekocht	
1 Zucchino, klein	
100 g Broccoli- oder Karfiolröschen	
3 EL Olivenöl, kaltgepresst	
1 Gemüsesuppenwürfel	
Kräutersalz	
Pfeffer	
1 Pr. Muskat	
1 Pr. Kümmel	
1 Msp. Curry	
1 Bund Schnittlauch	
1 EL Kürbiskerne	
150 g Quark (Topfen)	
100 g Crème fraîche	
1 Ei	
150 g Käse (Emmentaler, Bierkäse …)	
20 g Butter, flüssig	
50 g Vollkornbrösel	

I FEEL GOOD–CHECK

♡ **schön – gesund – fit:** Durch die Vielfalt der Zutaten erhalten Sie auch eine Vielfalt an Vitaminen, die zu einer ausgewogenen Ernährung gehören sowie zu Gesundheit und Wohlbefinden beitragen.

 Zubereitung: anspruchsvoll

 Portionen: 1 Strudel

 Zubereitungsdauer: 1 Std 30 min

 Temperatur – Backen: 180 °C (Umluft 160 °C)

 Kalorien gesamter Strudel: 2800 (350 pro Portion)

Gemüse-Couscous

Zutaten:
150 g Couscous (oder Bulgur)
2 Karotten, klein (100 g)
100 g Kohlrabi
1 EL Olivenlöl, kaltgepresst
100 g Erbsen
2 Jungzwiebel
1 Stange Staudensellerie
½ Zucchini (100 g)
1 Knoblauchzehe
1 Schuss Weißwein
¼ l Tomatensaft
¼ l Gemüsesuppe
1 EL Kräuter der Provence (oder andere Kräuter)
Vollmeersalz
Pfeffer
1 Pr. Paprikapulver
1 Schuss Worcestersoße
2 EL Pinienkerne
2 EL Jogurt oder saure Sahne (Sauerrahm)

1. Karotten waschen, schälen, in dünne Scheiben schneiden, Kohlrabi schälen, in Stifte schneiden, Jungzwiebeln waschen, in kleine Ringe schneiden, Staudensellerie waschen, in 3 cm breite Stücke schneiden, Zucchino waschen, halbieren, in Scheiben schneiden, Knoblauchzehe schälen, fein hacken

2. Gemüse im Olivenöl mit 2 EL kaltem Wasser andünsten, mit Weißwein ablöschen, Tomatensaft, Suppe und alle Gewürze dazugeben

3. Couscous einstreuen, zugedeckt bei schwacher Hitze etwa 10 min köcheln lassen

4. Pinienkerne in einer Pfanne ohne Öl kurz anrösten

5. Couscous auf Teller verteilen, Jogurt darauf geben, Pinienkerne darüber streuen

> *I feel good*–Tipp: Staudensellerie – roh und in Streifen geschnitten – ergibt eine gesunde, kalorienarme Knabberei und schmeckt auch mit einem unserer Dips von Seite 84 ff. köstlich.

I FEEL GOOD–CHECK

 schön – gesund – fit: Vollkorn (-Couscous) enthält viel vom „Nervenvitamin" B₁. Dieses sorgt für eine hohe Konzentrationsfähigkeit sowie mentale Fitness und ist wichtig für den Kohlehydratstoffwechsel.

 Zubereitung: einfach

 Portionen: 2

 Zubereitungsdauer: 30 min

 Kalorien pro Portion: 420

Kürbis-Kartoffel-Strudel

Zutaten:

Kürbis-Kartoffel-Fülle:

200 g Kürbisfleisch, orange

100 g Erbsen (Dose)

200 g Kartoffeln

1 Knoblauchzehe

60 g Magerquark (Magertopfen)

60 g saure Sahne (Sauerrahm)

1 Ei

1 EL Olivenöl, kaltgepresst

1 TL Ingwer, frisch gerieben

Vollmeersalz

Pfeffer

1 Pr. Muskatpulver

20 g Butter, flüssig

50 g Vollkornbrösel

Zubereitung der Kürbis-Kartoffel-Füllung – während der Teig ruht:

1. Kartoffeln schälen, in kleine Würfel schneiden, in einem Topf mit Siebeinsatz 15 min dünsten, anschließend durch eine Kartoffelpresse pressen
2. Kürbis in Würfel schneiden, mit Erbsen und Knoblauch in Öl kurz anbraten
3. Kürbisgemüse mit passierten Kartoffeln, Quark, Sahne, Eigelb, Gewürzen mischen
4. Eiklar steif schlagen, unter die Masse ziehen

Strudelherstellung:

1. Ein großes Küchentuch mit Mehl bestäuben, Teig darauf legen, rundum bemehlen, Teig auf dem Tuch auf ca. 50 × 60 cm ausrollen, $^{2}/_{3}$ der Teigfläche (auf der Längsseite) dünn mit flüssiger Butter bestreichen, mit Vollkornbrösel bestreuen
2. Fülle auf der mit Butter bestrichenen Seite des Teiges dünn verteilen, dabei oben und unten je 2 cm frei lassen
3. Seiten einschlagen, Strudel durch Anheben des Tuches von der längeren, belegten Seite her aufrollen und auf das Blech legen – Strudelnaht sollte dabei unten zu liegen kommen
4. Strudel mit Buttermilch oder flüssiger Butter bestreichen und im vorgeheizten Backrohr bei 170–180 °C etwa 20–30 min goldbraun backen
5. Tipp: Wenn Sie den Strudel 5–10 min vor Ende der Backzeit erneut bestreichen, wird der Teig knusprig und schön braun
6. Strudel nach dem Backen etwa 5–10 min abkühlen lassen – er lässt sich dann besser schneiden und zerfällt nicht so leicht

I FEEL GOOD–CHECK

♡ **schön – gesund – fit:** Kürbis enthält sehr viele Ballaststoffe, diese sorgen für eine lang anhaltende Sättigung – gut für Ihre Wohlfühlfigur!

 Zubereitung: anspruchsvoll

 Portionen: 1 Strudel (ca. 8 Portionen)

 Zubereitungsdauer: 1 Std 30 min

 Temperatur – Backen: 180 °C (Umluft 160 °C)

 Kalorien gesamter Strudel: 1650 (206 pro Portion)

G'sunde Spinat-Palatschinken (Pfannkuchen)

1. Mehl, Salz, Flüssigkeit vermischen, zu einem glatten Teig rühren
2. Ei untermischen, abgedeckt 15–30 min quellen lassen
3. Flache beschichtete Pfanne erhitzen, dünn mit Kokosfett auspinseln
4. Ca. 50 g des Teiges in die Pfanne gießen, unter Schwenken zum Pfannenrand rinnen lassen
5. Goldbraun anbacken, wenden, fertig backen und warm stellen

---

1. Spinat waschen, tropfnass in einen Topf geben, 3–4 min dünsten, in ein Sieb gießen, gut ausdrücken und hacken
2. Zwiebel und Knoblauch klein hacken, Paprika, Tomate und Mozzarella in kleine Würfel schneiden
3. Zwiebelwürfel in Öl glasig dünsten, Paprika- und Tomatenwürfel und ausgedrückten Spinat dazu geben, gut vermengen, mit Salz, Pfeffer, Ingwer, Knoblauch und Zitronensaft würzen
4. Gehackte Sonnenblumenkerne, Crème fraîche und Petersilie untermengen
5. Füllung in die warmen Pfannkuchen geben

I feel good–Tipp für Gratinliebhaber: Geben Sie die Pfannkuchen in eine gebutterte Form, bestreuen sie mit geriebenem Parmesan und gratinieren sie 5–7 min goldgelb im Backofengrill. Dazu servieren Sie frischen Blattsalat.

Zutaten:

Teig:
- 75 g Vollkornmehl (nach Wahl: Weizen, Dinkel, Roggen, Buchweizen)
- 1 Pr. Vollmeersalz
- 150 ml Gemüsesuppe (oder Milch, Bier, Wein, Wasser)
- 1 Ei (auch für 4 Port. nur 1 Ei)
- 1 Pr. Pfeffer
- 1 Pr. Muskat
- Kokosfett, ungehärtet

Fülle:
- 1 Zwiebel, klein (50 g)
- 1 EL Olivenöl, kaltgepresst
- 50 g Paprika, grün
- 1 Tomate, klein (100 g)
- 200 g Blattspinat
- 1 Knoblauchzehe
- ½ Mozzarellakugel
- 1 TL Sonnenblumenkerne, gehackt
- 1 EL Crème fraîche
- 1 TL Zitronensaft
- 1 TL Petersilie
- Vollmeersalz
- Pfeffer, schwarz
- 1 Pr. Cayennepfeffer
- 1 Pr. Ingwer

I FEEL GOOD–CHECK

 schön – gesund – fit: Essen Sie dazu frischen Salat der Saison – denn täglich sollte mindestens 1 Portion Rohkost auf Ihrem Wohlfühl-Speiseplan stehen.

 Zubereitung: einfach

 Portionen: 2 zu je 2 Stück

 Zubereitungsdauer: 40 min

 Kalorien pro Portion: 250

Risotto con verdura

Zutaten:

- 120 g Naturreis
- 300 ml Wasser
- 1 EL Olivenöl, kaltgepresst
- 1 Schuss Weißwein – nach Belieben
- 1 Zwiebel, klein
- 1 Knoblauchzehe
- 100 g Spargelspitzen, grün
- 1 Zucchino, klein
- 50 g Erbsen, tiefgefroren (oder Zuckererbsen)
- 1 Tomate, klein
- 1–2 EL Parmesan
- Sojasoße
- 1 Msp. Curry
- Vollmeersalz
- Pfeffer
- 1 Pr. Cayennepfeffer
- ½ Hühnersuppenwürfel

1 Reis in ungesalzenem Wasser mit 1 Msp. Curry aufkochen lassen, bei kleiner Flamme 60 min köcheln, danach 30–60 min quellen lassen, erst gegen Ende der Kochzeit salzen – ansonsten verlängert sich die Kochzeit

2 Öl in einem Topf erhitzen, Zwiebel schälen, klein schneiden, Knoblauch schälen, zerdrücken – beides im Öl kurz anbraten

3 Spargelspitzen waschen, in 3 cm breite Stücke schneiden, Zucchino waschen, in Scheiben schneiden, Tomate waschen, schneiden, mit Erbsen dem Zwiebel-Knoblauch-Mix beigeben, ca. 3 min dünsten

4 Gemüse mit 1 Schuss Weißwein oder Wasser aufgießen, Hühnersuppenwürfel und restliche Gewürze beimengen

5 Reis dazugeben, mit Parmesan bestreut servieren

I feel good–Tipp: Wenn Sie den Reis bereits am Vorabend einweichen, verkürzt sich die Kochdauer auf 30–45 min

I FEEL GOOD–CHECK

♡ **schön – gesund – fit:** Reis enthält bis zu 70% Stärke, nur ca. 1% Fett, rund 8% Eiweiß, essentielle Aminosäuren, Phosphor, Kalzium, Magnesium und Eisen. In Vollkornreis stecken – im Vergleich zu weißem geschältem Reis – vor allem viele Vitamine!

 Zubereitung: einfach

 Portionen: 2

 Zubereitungsdauer: 60–90 min

💡 **Kalorien pro Portion:** 350

Kartoffelpizza al Tonno

Zutaten:
Pizzaboden:
500 g Kartoffeln, mehlig
50 g Weizenvollkornmehl
1 Ei
1 EL Jogurt
1 EL Olivenöl, kaltgepresst
Salz
Pfeffer
Kokosfett, ungehärtet – für das Backblech
Pizzabelag:
2 Knoblauchzehen
1 Zwiebel, klein, rot
1 EL Olivenöl, kaltgepresst
100 g Lauch
100 g Mais
½ Dose Tomaten, geschält
6 Oliven, schwarz
50 g Austernpilze
1 Mozzarellakugel (oder 100 g Butterkäse)
1 Dose Thunfisch in Wasser (125 g)
1 EL Kapern
Vollmeersalz
Pfeffer, schwarz
1 Pr. Chili
1 Pr. Piment
1 Pr. Zucker
1 Pr. Oregano

① Kartoffeln kochen, kalt abschrecken, schälen und zweimal durch die Kartoffelpresse drücken, mit Mehl, Jogurt, Ei, Öl, Salz, Pfeffer zu einem geschmeidigen Teig vermischen

② Während die Kartoffeln kochen, den Belag zubereiten: Zwiebel, Lauch in feine Ringe schneiden, einige Minuten in Olivenöl andünsten, auskühlen lassen

③ Geschälte Tomaten abtropfen lassen, mit einer Gabel zerdrücken, Knoblauch dazu pressen, mit Salz, Pfeffer, Chili, Piment, Zucker und Oregano würzen, Mozzarella in kleine Würfel schneiden, Oliven klein schneiden, Pilze in Scheiben schneiden, Thunfisch abtropfen lassen, mit der Gabel zerdrücken

④ Kartoffelteig zweiteilen und zu runden Pizzaböden ausrollen, am Rand etwas dicker formen, Pizzaböden auf das mit Kokosfett bepinselte Backblech setzen

⑤ Tomatensoße auf Pizzaböden verteilen, Zwiebel-Lauch-Mischung, Pilze, Kapern, Oliven, Mais, Thunfisch und Mozzarella verteilen, mit Oregano bestreuen

⑥ Pizzen in den kalten Backofen (mittlere Schiene) schieben, bei 200 °C (Umluft 180 °C) etwa 15–20 min backen

I feel good–Tipp: Italienischer Oregano wird auch als „wilder Majoran" bezeichnet, passt vorzüglich zu Tomaten, Knoblauch und Zwiebel und darf auf keiner Pizza fehlen. Nach dem Würzen mit feurigem Chili waschen Sie sich die Hände, um nicht unbedacht die Finger in die Nähe der Augen zu bringen – brennt höllisch!

I FEEL GOOD–CHECK

♥ **schön – gesund – fit:** Mais ist reich an ungesättigten Fettsäuren, Vitaminen und Mineralstoffen. Probieren Sie auch einmal Popcorn-Mais – aus dem Naturkostladen – zum selber Poppen.

 Zubereitung: anspruchsvoll

 Portionen: 2

 Zubereitungsdauer: 60 min

 Temperatur – Backen: 200 °C (Umluft 180 °C)

 Kalorien pro Portion: 800

Spinat-Risotto

1 Reis in ungesalzenem Wasser aufkochen, bei kleiner Flamme 60 min köcheln, danach 30–60 min quellen lassen, erst gegen Ende der Kochzeit salzen

2 Spinat waschen, in einem Topf mit kochendem Wasser 2–3 min dünsten, gut abtropfen, hacken

3 Zwiebel, Knoblauch glasig dünsten, mit Hühnersuppe ablöschen, Spinat, Zitronenschale, Gewürze dazugeben

4 Gekochten Reis dazugeben, Mozzarellawürfel und 2 EL Jogurt untermischen, mit je 1 EL Jogurt und Basilikumblättern garniert servieren

Zutaten:
250 g Blattspinat
1 EL Olivenöl, kaltgepresst
1 Zwiebel, klein
2 Knoblauchzehen
120 g Naturreis
50 ml Wasser
½ Hühnersuppenwürfel
1 TL Zitronenschale, fein gerieben
Vollmeersalz
Pfeffer
1 Pr. Muskat
½ Mozzarellakugel
Basilikumblätter
4 EL Jogurt

I feel good–Tipp: Frisches Basilikum ist besonders würzig und sollte den Gerichten immer erst zum Schluss beigegeben werden. Getrocknetes Basilikum eignet sich eher für lang kochende Gerichte.

I FEEL GOOD–CHECK

 schön – gesund – fit: 150 g Spinat decken den täglichen Bedarf an Vitamin A (sorgt u. a. Für gesunde Haut- und Schleimhautfunktion) und 30% des Kaliumbedarfes (wichtig für Muskeln und Nerven).

 Zubereitung: einfach

 Portionen: 2

 Zubereitungsdauer: 1 Std. 30 min

 Kalorien pro Portion: 385

Extra-Tipp: Probieren Sie anstelle von Reis auch Dinkel oder Roggen – beide haben ein feines, nussartiges Aroma und werden vom Organismus besonders gut vertragen.

Kürbis-Reis-Pfanne

Zutaten:
100 g Naturreis
250 g Wasser
¼ TL Curry
1 EL Olivenöl, kaltgepresst
1 Zwiebel
200 g Lauch
1 Knoblauchzehe
400 g Kürbisfleisch
½ Gemüsesuppenwürfel
1 EL Obstessig
2 EL Wasser
1 cm Ingwer, frisch gerieben
Vollmeersalz
Pfeffer
2 EL Kürbiskerne

1 Reis in ungesalzenem Wasser mit ¼ TL Curry aufkochen, bei kleiner Flamme 60 min köcheln, danach 30–60 min quellen lassen, salzen erst gegen Ende der Kochzeit – ansonsten wird der Reis nicht weich

2 Zwiebel schälen, klein schneiden, im Öl glasig dünsten, Knoblauch schälen, klein hacken, beigeben, Lauch waschen, in 1 cm breite Ringe schneiden, dazugeben, Kürbis in Würfel schneiden, mit frisch geriebenem Ingwer, Essig, 2 EL Wasser dazugeben

3 Suppenwürfel, Gewürze untermischen, zugedeckt bei schwacher Hitze etwa 5 min köcheln

4 Gemüse mit Reis vermischen, Kürbiskerne in einer Pfanne ohne Öl anrösten, darüber streuen und servieren

I feel good–Tipp: Weichen Sie den Reis am Vorabend ein, dann verkürzt sich die Kochdauer auf 30–45 min.

Extra-Tipp:

Das Garen von Naturreis (mit Silberhäutchen) dauert etwa doppelt so lange wie von geschältem Reis.

I FEEL GOOD–CHECK

 schön – gesund – fit: Das im Reis enthaltene Magnesium ist besonders wichtig für gestresste Menschen und Sportler.

 Portionen: 2

 Zubereitungsdauer: 1 Std. 30 min

Zubereitung: einfach

 Kalorien pro Portion: 350

Okra-Reis-Gratin

1 Reis in 160 ml ungesalzenem Wasser aufkochen lasssen, dann bei kleiner Flamme 30 min zugedeckt köcheln lassen

2 Zwiebel, Knoblauch schälen, klein schneiden, Stielansätze der Okraschoten abschneiden, ohne sie zu beschädigen – damit der Saft nicht ausläuft –, auf einem Teller mit 2 EL Essig und 1 EL Salz vermischen und jede Okra mit der Schnittfläche in die Mischung tauchen

3 Öl erhitzen, erst Zwiebel und Knoblauch kurz anrösten, Okra dazugeben und bei mittlerer Hitze 5 min braten, Tomatenmark, Cayennepfeffer untermischen, Topf vom Herd nehmen

4 Kartoffeln schälen, waschen, würfelig schneiden, Tomate abziehen, würfeln, Paprika waschen, putzen, in Streifen schneiden, Bohnen abgießen, kalt abspülen

5 Alle Zutaten mit Okra-Mix und vorgekochtem Reis vermengen, salzen, pfeffern, Zimt beigeben, Gemüsesuppe, Rotwein dazu gießen, in eine Pfanne geben, Käse und Sahne vermischen und darüber geben, bei 200 °C (Umluft 180 °C) 35 min garen

6 Mit Kräutern der Provence bestreut servieren

Zutaten:
80 g Naturreis + 160 ml Wasser
1 Zwiebel, klein
1 Knoblauchzehe
50 g Okra
3 EL Essig
1 EL Olivenöl, kaltgepresst
1 EL Tomatenmark
60 g Kartoffeln
1 Tomate, klein
½ Paprika, grün
1 Dose Bohnen, rot (klein)
200 ml Gemüsesuppe
1 EL Rotwein
100 g saure Sahne (Sauerrahm) oder Jogurt
50 g Hartkäse, gerieben
1 Pr. Zimt
Vollmeersalz
Pfeffer
1 Pr. Cayennepfeffer
1 EL Kräuter der Provence

I feel good–Tipp für das Abziehen von Tomaten: Fruchtansatz ausschneiden, Tomatenschale kreuzförmig einritzen, in kochendes Wasser tauchen – bis die Haut aufplatzt. Danach Tomaten in kaltes Wasser tauchen und die Haut abziehen.

I FEEL GOOD–CHECK

 schön – gesund – fit: Das in Kartoffeln enthaltene Silizium sorgt für die Festigkeit und Elastizität des Bindegewebes und stärkt Haut, Haare und Nägel.

Zubereitung: einfach

 Portionen: 2

 Zubereitungsdauer: 1 Std. 15 min

 Temperatur – Backen: 200 °C (Umluft 180 °C)

 Kalorien pro Portion: 440

Hausgemachte Nudeln

Zutaten:

250 g Vollkornmehl (Weizen, Dinkel oder Hartweizen)
2 EL Öl, kaltgepresst
1 Ei
1 Pr. Vollmeersalz
50–80 g Wasser

1. Mehl mit Öl, Salz, Ei und Wasser vermengen
2. Teig ca. 5 min kneten – bis er fest, glatt und elastisch ist, nach Bedarf noch etwas Wasser oder Mehl dazugeben
3. Teig zudeckt ca. 30(–60) min ruhen lassen
4. Mehl auf die Arbeitsfläche streuen, Teig mit einem Nudelholz ausrollen
5. Teig etwas antrocknen lassen, mit einem Messer, Teigrädchen oder einer Nudelmaschine in die gewünschte Form schneiden (Lasagneblätter, Rauten, Rechtecke, Quadrate). Tipp: Zur Herstellung kleiner Schleifen: Rechtecke schneiden und in der Mitte zusammendrücken
6. Nudeln in kochendes Salzwasser geben, 2 min kochen, auf der ausgeschalteten Kochstelle garziehen lassen – bis sie al dente (bissfest) sind. Tipp: Die Nudeln kleben nicht so leicht zusammen, wenn Sie dem Kochwasser etwas Öl zugeben.

Extra-Tipp:

Aus Nudelteig können Sie auch gefüllte Täschchen in verschiedenen Formen herstellen – wie Tortellini oder Ravioli: Teig nach dem Ausrollen gleich weiterverarbeiten und füllen, die Ränder mit Wasser bestreichen und fest zusammendrücken.

I feel good–Tipp: Unser Nudelrezept reicht für 4 Personen. Zur Aufbewahrung von Nudeln breiten Sie diese locker auf einem bemehlten Tuch aus und lassen Sie sie mindestens 1 Tag trocknen. Die Nudeln sind bis zu 1 Monat in einem luftdurchlässigen Behälter oder Papiersack haltbar.

I FEEL GOOD–CHECK

♡ **schön – gesund – fit:** Vollkornnudeln sind reich an Ballaststoffen und wahre Schlankmacher: Intensiv zu kauen – dadurch isst man langsamer und wird schneller und länger anhaltend satt. Nebenbei wird die Darmtätigkeit aktiviert.

 Zubereitung: einfach

 Portionen: 4

 Zubereitungsdauer: 50–60 min

 Kalorien pro Portion: 250

Griechische Jogurtnudeln

1. Jogurt in ein Sieb geben und abtropfen lassen
2. Einstweilen Zwiebel schälen, in Scheiben schneiden, in einem Topf in Öl mit 1 EL Wasser kurz anrösten
3. Nudeln in Salzwasser al dente (bissfest) kochen, gut abtropfen, zum Zwiebel geben, Topf zur Seite stellen
4. Jogurt glatt rühren, Knoblauch schälen und dazu pressen, Gewürze beigeben, Rucola waschen, trocknen, in Streifen schneiden (ein paar Streifen beiseite legen), dazu rühren
5. Jogurt-Mischung mit Nudeln vermengen, nochmals unter mehrmaligem Umrühren leicht erwärmen
6. In vorgewärmten Tellern mit Käse und Rucolablättern garniert servieren

Zutaten:

200 g hausgemachte Nudeln (Hälfte der Rezeptzutaten, Seite 140) oder Vollkornnudeln

1 Zwiebel, mittelgroß

1 EL Olivenöl, kaltgepresst

250 g Joghurt (3,6% Fett)

1 Knoblauchzehe

1 Bund Rucola

Kräutersalz

Pfeffer, schwarz

1 Pr. Ingwer

2 EL Hartkäse, gerieben

Mediterrane Nudeln mit Mozzarella & Oliven

1. Penne in Salzwasser al dente kochen, abtropfen, wieder in den Topf geben
2. In der Zwischenzeit Knoblauch schälen, pressen, Tomate waschen, in Würfel schneiden, Oliven entkernen, in Stücke schneiden, Petersilie hacken, Mozzarella in Würfel schneiden
3. Knoblauch in Olivenöl kurz anbraten, Tomate kurz mitbraten, Salz und Chili dazugeben, Oliven, Petersilie, Mozzarellawürfel, Penne dazumischen und servieren

Zutaten:

250 g Vollkornpenne

2 EL Olivenöl, kaltgepresst

1 Knoblauchzehe

1 Tomate, mittelgroß

35 g Oliven, schwarz

2 EL Petersilie

½ Mozzarellakugel

Vollmeersalz

1 Pr. Chili

I FEEL GOOD–CHECK

 schön – gesund – fit: Kaltgepresstes Olivenöl ist eine der reichsten Vitamin-E-Quellen. Es schützt vor Herzinfarkt und verringert das Krebsrisiko.

 Zubereitung: einfach

 Portionen: 2

 Zubereitungsdauer: 15 min

 Kalorien pro Portion: 450/650

Nudel-Gemüse-Frittata

Zutaten:

1 EL Olivenöl, kaltgepresst
1 Zwiebel, klein
1 Zucchino, mittelgroß (200 g)
50 g Champignons
½ Paprika, grün
60 g Schinken (nach Wunsch)
40 g Erbsen, tiefgefroren
2 Eier
125 ml Milch
50 g Vollkorn-Farfalle (oder andere kleine Nudeln)
1 TL Petersilie
20 g Emmentaler
Vollmeersalz
1 Pr. Chili
Pfeffer, schwarz

1. Nudeln in Salzwasser etwas härter als „al dente" kochen, abseihen, beiseite stellen
2. Backofen auf 180 °C vorheizen, kleine Auflaufform mit geschmolzener Butter oder ungehärtetem Kokosfett einfetten
3. Zwiebel schälen, in kleine Ringe schneiden, in Olivenöl und 1 EL kaltem Wasser goldbraun braten, Zucchino waschen, in feine Scheiben schneiden, bei niedriger Hitze 2–3 min mitbraten, Paprika waschen, in kleine Würfel schneiden, unterrühren und 1 min dünsten
4. Schinken in Streifen schneiden, mit Erbsen zugeben, Pfanne vom Herd nehmen, Fülle etwas abkühlen lassen
5. Eier, Milch, Salz, Pfeffer, Chili in einer Schüssel verschlagen, Nudeln, Petersilie und gewaschene, in Scheiben geschnittene Pilze unterrühren
6. Masse in die Form gießen, Käse reiben und bestreuen, 25–30 min goldgelb backen

I feel good–Tipp: Übrig gebliebene gekochte Nudeln können Sie mit wenig Öl vermengt nicht zugedeckt maximal drei Tage im Kühlschrank aufbewahren. Die Zugabe von Öl verhindert ein Verkleben der Nudeln. Frittata schmeckt auch kalt vorzüglich und eignet sich deshalb gut für ein Buffet.

I FEEL GOOD–CHECK

 schön – gesund – fit: Als ein Schritt zur Wohlfühlfigur eignen sich zum Eingewöhnen Nudeln, die jeweils zur Hälfte aus Vollkorn- und aus Weißmehl hergestellt sind.

 Zubereitung: einfach

 Portionen: 2

 Zubereitungsdauer: 50 min

 Temperatur – Backen: 180 °C (Umluft 160 °C)

 Kalorien pro Portion: 410

Hüttenkäse-Nudelauflauf

1	Nudeln in Salzwasser al dente kochen, kalt abschrecken und abtropfen lassen
2	Lauch längs einschneiden, waschen, in Streifen schneiden, Knoblauch schälen, zerdrücken, Öl in einer Pfanne erhitzen, Lauch und Knoblauch darin kurz andünsten
3	Tomatenmark mit 80 ml Wasser glattrühren, Salz, Pfeffer, Sojasoße beifügen, zum Lauch in die Pfanne geben, Nudeln dazumischen
4	In einer Schüssel Hüttenkäse, Jogurt, Ei und geschnittene Schnittlauchröllchen verrühren
5	Eine kleine Auflaufform mit geschmolzener Butter ausfetten, mit Vollkornbröseln ausstreuen
6	Die Hälfte der Nudel-Lauch-Mischung in die Pfanne drücken, die Hälfte der Hüttenkäsemischung darauf verteilen, die Hälfte der Käsescheiben darauflegen, abermals Nudeln, Hüttenkäse und restliche Käsescheiben darüber schichten
7	Auflauf in den kalten Backofen stellen und bei 200 °C (Umluft 180 °C) etwa 30 min backen
8	Aus dem Ofen nehmen, ca. 5–10 min in der Form ruhen lassen und danach servieren

Zutaten:

- 200 g Vollkornnudeln (Penne oder Spiralen)
- 1 EL Olivenöl, kaltgepresst
- ½ Stange Lauch (100 g)
- 1–2 Knoblauchzehen
- 1 Dose Tomatenmark (70 g)
- 80 ml Wasser
- ½ Bund Schnittlauch
- 1 Becher Hüttenkäse (150 g)
- 2 EL Jogurt
- 1 Ei
- 70 g mittelalter Gouda, dünne Scheiben
- Vollmeersalz
- Pfeffer, schwarz
- 1 Schuss Sojasoße
- 1 EL Butter
- Vollkornbrösel

I FEEL GOOD–CHECK

 schön – gesund – fit: Hüttenkäse eignet sich besonders zum Schlankschlemmen – 1 Becher (150 g) hat nur 123 kcal und ist – wie Sie an diesem Rezept sehen – vielseitig verwendbar.

 Zubereitung: einfach

 Portionen: 2

 Zubereitungsdauer: 50 min

 Temperatur – Backen: 200 °C (Umluft 180 °C)

 Kalorien pro Portion: 670

Topfen-Lasagne

Zutaten:

250 g fertige Lasagneblätter oder Teigrezept „Hausgemachten Nudeln", Seite 140

etwas zerlassene Butter

Fülle:

400 g Magerquark (Magertopfen)

25 g Käse, gerieben

Pfeffer

Tomatensoße:

1 EL Olivenöl, kaltgepresst

1 Zwiebel, klein

1 Knoblauchzehe

1 Dose Tomaten, klein, geschält

1 TL Tomatenmark

1 Pr. Muskat

1 Pr. Ingwer

1 Msp. Cayennepfeffer

Béchamelsoße:

1 EL Butter

30 g Vollkornmehl

250 ml Milch

1 Ei

20 g Käse, gerieben

3 EL Sonnenblumenkerne – zum Bestreuen

① Lasagneteig nach Rezept unserer „Hausgemachten Nudeln" von Seite 140 herstellen, kurz antrocknen lassen, Rechtecke in der Größe der verwendeten Auflaufform ausschneiden

② Eine kleine Auflaufform mit zerlassener Butter einstreichen

③ Fülle: Magerquark gut abtrofpen lassen, mit geriebenem Käse und Pfeffer in einer Schüssel vermischen

④ Tomatensoße: Zwiebel schälen und klein hacken, mit Öl in einer Pfanne ca. 3–5 min glasig dünsten, Knoblauch schälen, dazu pressen, Tomaten, Tomatenmark und Gewürze unterrühren, aufkochen, 15 min nicht zugedeckt köcheln lassen – bis die Flüssigkeit verdunstet und die Soße eingedickt ist

⑤ Béchamelsoße: Butter in einem Topf zerlassen, mit Mehl ca. 1 min zu einer glatten, goldfarbenen Masse rühren, Soße vom Herd nehmen, Milch langsam einrühren, aufkochen – bis die Soße eindickt, erneut vom Herd nehmen, Ei unterrühren, bei mittlerer Hitze unter Rühren fast zum Kochen bringen, Käse unterrühren, mit einem Deckel abdecken, abkühlen lassen, Backofen auf 200 °C vorheizen

⑥ Eine Lage Lasagneblätter in den Boden der Form legen, darauf ein Drittel Fülle streichen, ein Drittel Tomatensoße daraufgießen, die Lagen wiederholen und obenauf mit einer Lage Lasagneblättern enden

⑦ Béchamelsoße über der Lasagne verstreichen, Vollkornbrösel, Sonnenblumenkerne, Käse darüber streuen

⑧ Ca. 45 min goldbraun backen, vor dem Servieren 10 min ruhen lassen – erleichtert das Aufschneiden der Lasagne

I FEEL GOOD–CHECK

 schön – gesund – fit: Vollkornmehle enthalten alle Bestandteile des Kornes, wie Randschichten, Keimling und Stärkekörper. Ballaststoffe aus den Randschichten sorgen für Sättigung und Power.

 Zubereitung: anspruchsvoll

 Portionen: 4

 Zubereitungsdauer: 1 Std. 20 min

 Temperatur – Backen: 200 °C (Umluft 180 °C)

 Kalorien pro Portion: 425

Vollkorn-Gemüse-Lasagne

① Lasagneteig nach Teigrezept unserer „Hausgemachten Nudeln" von Seite 140 herstellen, kurz antrocknen lassen, Rechtecke in der Größe der verwendeten Auflaufform ausschneiden

② Knoblauch schälen, zerdrücken, Zwiebel waschen, schälen, klein schneiden, Lauch und Stangensellerie waschen, klein schneiden, Tomate waschen, würfeln, Paprika waschen, putzen, klein schneiden, Broccoli waschen, in kleine Röschen zerteilen, Mozzarella in Scheiben schneiden

③ Zwiebel und Knoblauch in Öl glasig anschwitzen, Gemüse beigeben, mit Salz, Pfeffer und Cayennepfeffer abschmecken

④ Soße: Milch mit Zitronensaft und Weißwein glattrühren, Worcestersoße, Salz, Pfeffer, Muskat, Zucker beigeben, Käse reiben

⑤ Lasagneplatten, Gemüse und Soße abwechselnd in eine ausgefettete Auflaufform schichten, auf die oberste Lasagneplatte Mozzarellascheiben legen, im vorgeheizten Backofen bei 180–200 °C etwa 20–30 min backen

Zutaten:
Lasagneteig:
250 g fertige Lasagneblätter oder Teigrezept unserer „Hausgemachten Nudeln", Seite 140
Lasagnefüllung:
1–2 EL Olivenöl, kaltgepresst
1 Knoblauchzehe
1 Zwiebel, klein
1 Stange Lauch (200 g)
1 Stangensellerie
½ Paprika, gelb
1 Tomate, klein
200 g Broccoli
125 g Mozzarella
30 g Reibkäse
Pfeffer
1 Pr. Muskat
1 Pr. Cayennepfeffer
Kräutersalz
1 Pr. Zucker
etwas Worcestersoße
2 EL Zitronensaft
etwas Weißwein
¼ l Milch

I feel good–Tipp: Für die Zubereitung von Nudelteig sollten Sie möglichst Getreide aus biologischem Anbau verwenden und das Getreide so fein wie möglich mahlen.

I FEEL GOOD–CHECK

 schön – gesund – fit: Die Inhaltsstoffe von Broccoli (Karotin, Vitamin C, Magnesium, Eisen, Kalzium, Kalium) schützen vor Krebs und wirken zellerneuernd.

Zubereitung: einfach

 Portionen: 4

 Zubereitungsdauer: 60 min

 Temperatur – Backen: 200 °C (Umluft 180 °C)

 Kalorien pro Portion: 435

Hauptgerichte mit Geflügel und Fleisch

Im folgenden Kapitel zeigen wir Ihnen, wie Sie mit fleischlichen Genüssen zur Top-Form gelangen. Fleisch ist neben Getreide der ergiebigste Lieferant von B-Vitaminen, versorgt Sie mit essentiellen Aminosäuren, Eisen, Zink und viel Energie für ein Leben voller Power. Schlemmen Sie edle, pikante Gerichte von Pute, Huhn, Kalb, Lamm, Schwein und Rind. Feine Soßen und köstliche Beilagen sorgen für ein unvergessliches Geschmackserlebnis auf höchstem Niveau. Feinschmecker achten überdies auf Qualität und bevorzugen Fleisch aus kontrolliert biologischer Aufzucht – auch zum Wohle der Tiere.

Griechisches Zitronen-Knoblauch-Huhn

Zutaten:

- 4 Hühneroberschenkel
- 1–2 EL Olivenöl, kaltgepresst
- 10 Knoblauchzehen
- 2 Tomaten, getrocknet
- 3 Oliven, schwarz
- 250 ml Hühnersuppe
- 1/16 l Weißwein, trocken
- 1 Zitrone, gepresst
- ½ Zitrone, filetiert (in dünne Scheiben geschnitten)
- 1 EL Vollkornmehl
- einige Spritzer Tabasco
- 1 Spritzer Worcestersoße
- 1 Msp. Chili
- Vollmeersalz
- Pfeffer

1. Knoblauchzehen schälen, halbieren, mit längs halbierten Tomaten, Oliven, Hühnersuppe, Tabasco- und Worcestersoße in eine Pfanne geben, kochen – bis der Knoblauch weich und der Saft etwas eingedickt ist
2. Backofen auf 190 °C vorheizen, Öl mit 2 EL kaltem Wasser in einer Pfanne erhitzen, Hühnerschenkel bei mittlerer Hitze anbraten
3. Hühnerschenkel in eine feuerfeste Form legen, Knoblauchzehen aus der Suppe nehmen, mit Zitronenscheiben auf den Hühnerschenkeln verteilen
4. Mehl in die Pfanne mit restlichem Bratenfett streuen, 1 min unter Rühren anschwitzen, Wein eingießen, dabei ständig rühren und Bratensatz vom Boden lösen
5. Suppe und Zitronensaft dazugießen, unter ständigem Rühren eindicken lassen, mit Salz, Pfeffer und Chilli abschmecken
6. Soße über die Hühnerschenkel gießen, etwa 20 min im Backofen garen
7. Mit Zitronenscheiben garniert servieren

I feel good–Tipp: Huhn mit Zitrone ergibt eine – nicht nur in Griechenland sehr geschätzte – delikate Geschmacksnote. Zu diesem köstlichen Gericht passen neue Kartoffeln ebenso wie eine Portion Naturreis.

Extra-Tipp:

Vorsicht, Salmonellengefahr! Säubern Sie Arbeitsflächen, Geräte und Hände, die mit rohem Geflügel in Berührung waren, gründlich mit heißem Wasser.

I FEEL GOOD–CHECK

 schön – gesund – fit: 1 Portion Hühnerschenkel (150 g) enthält 31,5 g Eiweiß – ca. die Hälfte des täglichen Bedarfes. Eiweiß wird für den Aufbau und Erhalt von Muskeln, Körperzellen, Bindegewebe, Gehirn und Nerven benötigt.

 Zubereitung: einfach

 Portionen: 2

 Zubereitungsdauer: 45 min

Temperatur – Backen: 190 °C (Umluft 170 °C)

 Kalorien pro Portion: 385

Hühnchen cacciatore

Zutaten:

- 2 Hühnerschenkel (ca. 400 g)
- 3 EL Olivenöl, kaltgepresst
- 2 Knoblauchzehen
- 1 Zwiebel, klein
- 1 Karotte, mittelgroß
- 1 Tomate, mittelgroß (130 g)
- 100 g Champignons
- ½ TL Pfefferkörner
- $^{1}/_{16}$ l Weißwein, trocken
- 6–10 Oliven, schwarz
- 2 Sardellen
- 2 EL Kapern
- ½ Bund Petersilie
- ½ Gemüsesuppenwürfel
- Vollmeersalz
- 1 Pr. Cayennepfeffer

1. Knoblauch schälen, hacken, Zwiebel schälen, grob schneiden, Karotte waschen, klein würfeln, Tomate waschen, Stielansätze entfernen, würfeln, Champignons waschen, in dünne Scheiben schneiden, Oliven entsteinen
2. Öl und 1 EL kaltes Wasser in einer Pfanne erhitzen, Zwiebel darin hellbraun rösten, Knoblauch beigeben
3. Zwiebel und Knoblauch an den Pfannenrand schieben, in der Mitte die Hühnerschenkel beidseitig anrösten, danach die Schenkel auf einem Teller beiseite stellen
4. Wein zum Zwiebel gießen, weiters Gemüse, Suppenwürfel, Salz, Cayennepfeffer, Pfefferkörner beigeben, 3 min mitbraten
5. Schenkel wieder dazu geben, mit Gemüse bedecken, zugedeckt bei mittlerer Hitze ca. 30 min garen
6. Oliven, Sardellen, Kapern klein schneiden und die letzten 10 min mitschmoren
7. Mit fein gehackter Petersilie bestreut servieren

I feel good–Tipp: Biogeflügel ist deshalb etwas teurer als Fleisch aus Massentierhaltung – aber auch qualitativ wertvoller –, weil die Tiere (Hühner, Puten, Enten, Gänse) artgerecht mit mehr Platz und Auslauf gehalten werden und biologisches Futter ohne Medikamente und Antibiotika erhalten. Die besseren Platzverhältnisse, das wesentlich teuere biologische Getreide und die längere Mastdauer rechtfertigen den etwas höheren Preis.

I FEEL GOOD–CHECK

♡ **schön – gesund – fit:** Wenn Sie die Haut von den Hühnerschenkeln entfernen, sparen Sie Fett und Kalorien: 100 g Hühnerbrust enthält ca. 102 kcal und 0,7 g Fett, während die gleiche Portion *mit* Haut bis zu 250 kcal und 20 g Fett haben kann!

 Zubereitung: einfach

 Portionen: 2

 Zubereitungsdauer: 50 min

 Kalorien pro Portion: 450

Französisches Huhn aux légumes

Zutaten:
½ Huhn, mittelgroß (oder 2 Hühnerschenkel)
1 Zwiebel, mittelgroß
5 Knoblauchzehen
150 g Kartoffeln
150 g Zucchini (oder Kürbisfleisch)
150 g Aubergine
½ Paprika, rot
½ Stange Lauch
2 EL Zitronensaft
1 TL Zitronenschale
1–2 EL Olivenöl, kaltgepresst
Vollmeersalz
Pfeffer
einige Thymianblätter, frisch

1 Zwiebel schälen, vierteln, Kartoffeln schälen, längs in Viertel schneiden, Zucchini und Aubergine in 2,5 cm breite Stücke schneiden, Paprika waschen, putzen, in breite Streifen schneiden, Lauch waschen, in Ringe schneiden

2 Backofen auf 200 °C vorheizen, Hühnerteile mit Olivenöl einreiben, salzen, pfeffern, in einer Bratpfanne beidseitig kurz anbraten, mit Zitronensaft und 2 EL Wasser ablöschen, Gemüse, Knoblauchzehen mit Schale und Thymianblätter dazugeben

3 Im Backofen ca. 30 min garen – bis das Fleisch weich und gebräunt sowie das Gemüse an den Rändern knusprig ist

4 Die Haut von den Knoblauchzehen abziehen, Huhn auf Teller anrichten, mit Gemüse garnieren

I feel good–Tipp: Olivenöl können Sie zum Backen, Braten, Kochen, für Salatsoßen und auch zum Fritieren verwenden. Natives Olivenöl kann bis zu 170 °C heiß werden, ohne zu verbrennen. Bewahren Sie Olivenöl in dunklen Flaschen bei max. 16 °C auf.

I FEEL GOOD–CHECK

 schön – gesund – fit: Gemüse hält Sie gesund, schön und fit, deshalb gehen Sie sorgsam damit um: erst waschen und danach zerkleinern – dies vermindert Vitaminverluste durch Auslaugen von Wasser.

Zubereitung: einfach

 Portionen: 2

 Zubereitungsdauer: 50 min

 Temperatur – Backen: 200 °C (Umluft 180 °C)

 Kalorien pro Portion: 370

Bunter Hühner-Reis-Auflauf

1 Walnüsse grob hacken, Tomate waschen, in Würfel schneiden, Frühlingszwiebel waschen, in Röllchen schneiden, Paprika waschen, putzen, würfelig schneiden, Hühnerfleisch in kleine Würfel schneiden, Ei schaumig schlagen, Käse reiben

2 Reis mit Wasser und 1 Msp. Curry ohne Salz 30 min köcheln, dann mind. 20 min quellen lassen

3 Reis mit Huhn und Gemüse vermischen, Jogurt, Sahne, Ei, Walnüsse und Käse verrühren, mit Zimt, Curry, Zitronensaft, Salz und Pfeffer würzen

4 ²/₃ der Jogurtmasse zum Reis mischen, Masse in eine eingefettete Form drücken und mit restlicher Jogurtmasse bedecken, einige Walnüsse darüber streuen

5 25–30 min bei 180 °C backen, 5 min ruhen lassen, aufschneiden und servieren

Zutaten:
125 g Naturreis
300 ml Wasser
200 g Hühnerfleisch, gebraten
60 g Walnüsse
1 Tomate, klein
80 g Mais, tiefgefroren
½ Bund Frühlingszwiebeln
½ Paprika, grün
1 Ei
100 g saure Sahne (Sauerrahm)
200 g Jogurt
30 g Hartkäse – nach Wahl
Vollmeersalz
Pfeffer
1 EL Zitronensaft
1 EL Olivenöl, kaltgepresst
1 Msp. Zimt
2 Msp Curry

I feel good–Tipp: Die Zubereitung gelingt schneller, wenn Sie bereits am Vorabend den Reis und das Huhn vorkochen.

I FEEL GOOD–CHECK

 schön – gesund – fit: Bei regelmäßiger sportlicher Betätigung steigt Ihr Bedarf an Vitamin C,E, B₁ und B₂ – welchen Sie großteils mit diesem Gericht abdecken können.

Zubereitung: einfach

 Portionen: 2

 Zubereitungsdauer: 45 min

 Temperatur – Backen: 180 °C (Umluft 160 °C)

 Kalorien pro Portion: 840

Extra-Tipp: Bewahren Sie eine angebrochene Nüssepackung in einem dicht schließendem Gefäß auf, da die Nüsse sonst leicht die Gerüche aus der Umgebung annehmen.

Geschnetzeltes mit Pute

Zutaten:

- 300 g Putenfleisch
- 1 EL Sesamöl, kaltgepresst
- 70 g Pilze
- 1 EL Kapern, klein
- 1 TL Senf
- 1 EL Obstessig
- 1 Zwiebel, klein
- 1 TL Volkornmehl
- 1–2 EL Weißwein, trocken
- ½ Hühnersuppenwürfel
- 60 ml Wasser, kalt
- 50 g saure Sahne (Sauerrahm)
- 1 Pr. Cayennepfeffer
- Vollmeersalz
- Pfeffer, schwarz
- 2 El Jogurt
- 1 EL Petersilie

1. Putenfleisch waschen, in Streifen schneiden, Pilze reinigen und ebenfalls in Streifen schneiden
2. Zwiebel schälen, hacken, in Sesamöl kurz anrösten, Putenstreifen mitbraten, mit Weißwein ablöschen, Mehl mit kaltem Wasser verrühren und mit Hühnersuppenwürfel beigeben, mit Salz, Cayennepfeffer und Pfeffer würzen, 2 min auf kleiner Flamme köcheln lassen, Pilze und gehackte Kapern dazugeben, weitere 2 min köcheln
3. Sahne mit 1 EL Wasser aufrühren und zum Geschnetzelten rühren, mit Senf und Obstessig abschmecken, nicht mehr aufkochen lassen
4. Auf Teller anrichten und mit je 1 EL Jogurt und gehackter Petersilie garniert servieren

I feel good–Tipp: Servieren Sie als Beilage unsere Hausgemachten Nudeln von Seite 140.

Extra-Tipp:

Pilzesucher aufgepasst! Von rund 2500 Wald- und Wiesenpilzen sind für den Menschen nur etwa 50 Sorten essbar.

I FEEL GOOD–CHECK

 schön – gesund – fit: Pilze enthalten viel Pantothensäure (Vitamin B5) – auch „Haar-Vitamin" genannt, da es den Haarwuchs fördert.

Zubereitung: einfach

 Portionen: 2

 Zubereitungsdauer: 30 min

 Kalorien pro Portion: 300

Foie de volaille (Geflügelleber)

① Leber waschen, Sehnen entfernen, in mundgerechte Stücke teilen	**Zutaten:**
② Champignons mit Küchenpapier vorsichtig abreiben, Stiele frisch anschneiden, blättrig schneiden, Zucchino waschen, längs halbieren, in Scheiben schneiden	200 g Geflügelleber (Huhn oder Pute)
	125 g Champignons (½ Tasse)
③ Butter in einer Pfanne zergehen lassen, Jungzwiebelröllchen darin weich dünsten. Knoblauch, Leber, Zucchino, Pilze, Orangenschale, Thymian und Lorbeerblatt dazugeben, einige Minuten auf mittlerer Flamme unter Rühren mit rösten, die Leber herausnehmen	½ Bund Jungzwiebeln
	1 TL Butter
	1 Knoblauchzehe
	½ Zucchino
④ Rotwein, Tomatenmark, Sojasoße, Sahne und Mehl unterrühren, köcheln lassen – bis die Soße etwas reduziert und eingedickt ist	1 EL Vollkornmehl
	1 Schuss Rotwein
⑤ Leber wieder in die Pfanne geben, kurz aufwärmen, mit Salz und Pfeffer abschmecken	1 EL Orangenschale, gerieben, von unbehandelter Orange
	1 Lorbeerblatt
	1 EL Tomatenmark
	1 EL saure Sahne (Sauerrahm)
	1 TL Sojasoße
	Salz
	Pfeffer, schwarz
	½ TL Thymian

I feel good–Tipp: Zu diesem schmackhaften Gericht servieren Sie am besten Vollkornnudeln (Penne, Spiralen etc.) oder Naturreis.

I FEEL GOOD–CHECK

 schön – gesund – fit: Geflügelleber ist reich an Vitamin B7 (Biotin). Biotin-Mangel zeigt sich u. a. an brüchigen Nägeln oder Haarausfall.

 Zubereitung: einfach

 Portionen: 2

 Zubereitungsdauer: 30 min

 Kalorien pro Portion: 240

Mediterraner Kalbfleischtopf

Zutaten:
300 g Kalbsschulter
2 EL Olivenöl, kaltgepresst
½ Zwiebel
1 Stange Staudensellerie, klein
1 Knoblauchzehe
1/16 l Gemüsesuppe
1/16 l Rotwein
1 Pr. Chili
1 Karotte, klein
3 EL Pinienkerne
2 EL Rosinen
Salz
Pfeffer
1 Dose Tomatenmark, klein (70 g)
etwas Vollkornmehl zum Bestäuben

1. Fleisch von Fett und Sehnen befreien, in 2½ cm große Würfel schneiden, mit Salz und Pfeffer würzen, leicht mit Mehl bestäuben

2. Zwiebel schälen, würfeln, Staudensellerie waschen, in Scheiben schneiden, Karotte waschen, fein raffeln, Rosinen hacken, Knoblauchzehe schälen, zerdrücken

3. Öl und 1 EL kaltes Wasser in einer Pfanne erhitzen, Fleischwürfel rundum anbraten, geschnittenes Gemüse und Pinienkerne dazurühren, 2 min andünsten

4. Mit Wein ablöschen, Gewürze, Gemüsesuppe und Tomatenmark zufügen, etwa 3 min kochen, dabei mit einem Kochlöffel den Bratensatz vom Topfboden lösen

5. Hitze reduzieren, zudecken und ca. 1 Std. garen lassen – bis das Fleisch sehr weich ist, bei Bedarf etwas Wasser zugeben

I feel good–Tipp: Als Beilage empfehlen wir Naturreis oder Vollkornnudeln.

I FEEL GOOD–CHECK

 schön – gesund – fit: Rosinen – getrocknete Weinbeeren – enthalten bis zu 75% Zucker, Kalium, Kalzium, Magnesium sowie Eisen und gelten als gute Knochen-, Gehirn- und Fitnessnahrung.

 Zubereitung: einfach

 Portionen: 2

 Zubereitungsdauer: 1 Std. 20 min

 Kalorien pro Portion: 450

Kalbsschnitzel in Zitronensoße

Zutaten:

2 Kalbsschnitzel, klein (à 80–100 g)

1 EL Olivenöl, kaltgepresst

1 Zitrone

2 EL Rotwein (oder Weißwein, trocken)

2 EL Suppe, klar

1 EL Kapern

Vollmeersalz

Pfeffer

1 Pr. Koriander

1. Schnitzel abspülen, trockentupfen, mit dem Fleischklopfer leicht flachklopfen, mit einer Mischung aus Salz, Pfeffer, Koriander und Mehl bestreuen, Zitrone halbieren, 1 Scheibe abschneiden, halbieren und aufheben, die restliche Zitrone auspressen

2. Öl erhitzen, Fleisch beidseitig kurz anbraten, mit Zitronensaft, Wein und Suppe ablöschen, ca. 3–4 min bei schwacher Hitze garen, am Ende der Garzeit Kapern dazugeben

3. Kalbsschnitzel mit je einer halben Zitronenscheibe garniert servieren

Extra-Tipp:

Bevorzugen Sie qualitativ hohes Biofleisch: Im Biolandbau erfolgt eine artgerechte Tierhaltung, Fütterung mit biologischem Futter, ohne Zusatz von Antibiotika oder leistungsfördernden Medikamenten, und die Schlachtung wird möglichst stressfrei für die Tiere durchgeführt.

I feel good–Tipp: Als Beilage servieren Sie Tagliatelle (Bandnudeln) und Erbsen, Broccoli oder Spargel (ca. 300 g pro Person).

I FEEL GOOD–CHECK

 schön – gesund – fit: Das im Kalbfleisch enthaltene Pyridoxin (Vitamin B$_6$) kurbelt den Protein-Aminosäure-Stoffwechsel an.

 Portionen: 2

 Zubereitung: einfach

 Zubereitungsdauer: 25 min

 Kalorien pro Portion: 200

Französisches Rindsragout

1 Champignons mit Küchenpapier vorsichtig abreiben, Stiele frisch anschneiden, blättrig schneiden	**Zutaten:**
	300 g Rindsgulasch-fleisch
2 Knoblauch schälen, in dünne Streifen schneiden, Fleisch in große Würfel schneiden, salzen, pfeffern, mit scharfem Messer einschneiden und mit den Knoblauchstreifen spicken	2 Champignons
	3 Knoblauchzehen
	1 Zwiebel, klein
3 Öl in einer Pfanne erhitzen, Fleisch auf allen Seiten anrösten, Zwiebel schälen, fein schneiden und mitrösten	1–2 EL Olivenöl, kaltgepresst
	1/8 l Weißwein, trocken
4 Wein, Tomatenmark, Champignons, Zimt, Salz, Pfeffer beigeben, 30 min unter häufigem Rühren köcheln lassen	1 EL Tomatenmark
	1 Pr. Zimt
5 So viel Wasser zugeben, dass das Fleisch bedeckt ist, zum Kochen bringen, 3 Std. sanft kochen – bis das Fleisch weich ist	Salz
	Pfeffer

Extra-Tipp:

I feel good–Tipp: Als Beilage servieren Sie Kartoffeln oder unsere „Hausgemachten Nudeln" von Seite 140.

Sorgen Sie für Abwechslung: Es muss nicht immer helles, weißes Fleisch von Huhn oder Pute sein – genießen Sie in moderater Menge auch mageres, rotes Fleisch.

I FEEL GOOD–CHECK

 schön – gesund – fit: Mit 1 Portion Rindfleisch (150 g) decken Sie etwa 50% des täglichen Zink-Bedarfes – erhält die Leistungsfähigkeit der Sportler und sorgt für mehr Lust am Sex.

 Zubereitung: einfach

 Portionen: 2

 Zubereitungsdauer: 3 Std. 45 min

 Kalorien pro Portion: 350

Exotisches Schweinefleisch im Wok

Zutaten:

200 g Schweineschnitzel, mager

1 cm Ingwer, frisch

½ Zitrone, unbehandelt

2–3 EL Sojasoße

50 g Sojasprossen

Pfeffer

1 Pr. Zucker

½ Zwiebel, klein

1 Knoblauchzehe

1 Paprika, rot

1 Apfel, klein, säuerlich

200 g Ananas, frisch

1 EL Vollkornmehl

2 EL Sesamöl, klatgepresst

1 EL Apfelessig

¹⁄₁₆ l Hühnersuppe

① Fleisch abspülen, trockentupfen, in schmale Streifen schneiden

② Marinade: Ingwer waschen, schälen, klein würfeln, Zitrone heiß abspülen, abtrocknen, die Schale abraspeln. Ingwer, Zitronenschale, Pfeffer, Zucker, Sojasoße vermengen

③ Fleischstreifen mit Marinade in einer Schüssel verrühren, zugedeckt mindestens 30 min marinieren

④ Paprika waschen, putzen, klein schneiden, Ananas schälen, Strunk entfernen, klein schneiden, Apfel waschen, Gehäuse entfernen, in kleine Scheiben schneiden, Zwiebel schälen, hacken, Knoblauch schälen, hacken, Sojasprossen waschen

⑤ Fleisch mit Mehl bestäuben, Öl im Wok erhitzen, Fleischstreifen bei mittlerer Hitze rundum anbraten, Zwiebel und Knoblauch beifügen, kurz mitbraten

⑥ Paprika-, Ananas- und Apfelstücke dazu geben, unter Rühren 1–2 min mitbraten, mit Apfelessig ablöschen, Sojasprossen und Hühnersuppe dazugeben, im geschlossenen Wok ca. 5 min dünsten

> *I feel good*–Tipp: Als Beilage empfehlen wir Naturreis oder unsere „Hausgemachten Nudeln" von Seite 140.

I FEEL GOOD–CHECK

♡ **schön – gesund – fit:** Schweine sind heute mit 55–60% Muskelfleisch und 20–30% Lipiden nur noch halb so fett wie vor 40 Jahren. Sogar Grillbäuche weisen oftmals nicht mehr Fett als Vollkornkekse auf (durchschnittlich 20%).

 Zubereitung: anspruchsvoll

 Portionen: 2

 Zubereitungsdauer: 50 min

 Kalorien pro Portion: 400

Lammcurry mit Sommergemüse

Zutaten:

300 g Lammkoteletts (inklusive Knochen)
1–2 EL Olivenöl, kaltgepresst
1 Zwiebel, mittelgroß
1 Knoblauchzehe
1 Karotte
1 Zucchino
1 EL Vollkornmehl
140 g Tomaten, geschält (½ kleine Dose)
1 EL Tomatenmark
½ l Hühnersuppe
1 TL Senf
1 EL Jogurt
1 TL Curry
1 Pr. Thymian
1 Pr. Zimt
1 Pr. Piment
1 Msp. Ingwer
1 Pr. Chili
Pfeffer
Vollmeersalz
½ Bund Petersilie

1. Zwiebel, Knoblauch schälen, hacken, Öl und 1 EL kaltes Wasser erhitzen, würfelig geschnittene Lammkoteletts darin anbraten, Zwiebel, Knoblauch zugeben, mit Curry, Salz, Pfeffer, Senf, Piment, Ingwer, Thymian, Zimt und Chili kräftig würzen

2. Suppe mit Mehl verrühren, zugießen, ca. 40 min schmoren lassen

3. Tomaten abseihen, mit einer Gabel zerdrücken, Karotten und Zucchini waschen, in Scheiben schneiden, dazugeben, 5–10 min mit schmoren, bei Bedarf noch etwas Wasser zugeben

4. Einige Minuten vor Ende der Garzeit Jogurt unterrühren, nicht mehr aufkochen

5. Petersilie waschen, abtropfen, klein hacken und vor dem Servieren über das Gericht streuen

I feel good–Tipp: Als Beilage zu unserem Lammgericht wählen Sie nach persönlichem Geschmack Reis, Gnocchi oder Kartoffeln.

Extra-Tipp:

Kochen Sie das Lammcurry sehr langsam, bis das Fleisch fast im Munde zergeht.

I FEEL GOOD–CHECK

 schön – gesund – fit: Fleisch enthält viel Eisen – dieses sorgt für „langen Atem", da es die Hämoglobin-Bildung unterstützt – wichtig für den Sauerstofftransport!

Zubereitung: einfach

 Portionen: 2

 Zubereitungsdauer: 1 Std. 15 min

 Kalorien pro Portion: 315

Marokkanisches Lamm

	Zutaten:
1 Am Vorabend Kichererbsen in 300 ml Wasser einweichen, am nächsten Tag mindestens 60 min kochen – bis sie weich sind	80 g Kichererbsen, getrocknet
	300 ml Wasser
2 Lammfleisch würfelig schneiden, Zwiebel schälen, in große Stücke schneiden, Knoblauch schälen, zerdrücken, Öl erhitzen	200 g Lammfleisch, mager
3 Lammfleisch, Zwiebel, Knoblauch, Gewürze ca. 2 min braten	1 EL Olivenöl, kaltgepresst
4 Datteln entkernen, Früchte beigeben und zugedeckt 45 min bei 180 °C backen	½ Zwiebel
	1 Knoblauchzehe
5 Gekochte Kichererbsen beigeben, umrühren, 10 min zugedeckt weiter backen	40 g Aprikosen (Marillen), getrocknet
6 Vor dem Servieren mit Mandelsplittern garnieren	40 g Dörrpflaumen, getrocknet (Zwetschken)
	40 g Datteln, getrocknet
	1 EL Mandelsplitter
	1 TL Koriander
	1 Msp. Piment
	Pfeffer, schwarz
	Salz

I feel good–Tipp: Bewahren Sie Trockenobst immer an einem kühlen und trockenen Ort auf. Übrig gebliebene Trockenfrüchte können Sie auch als kleine Knabberei, als Mineralstoff- und Powernahrung beim Sport oder als Reiseproviant verzehren.

I FEEL GOOD–CHECK

schön – gesund – fit: Hülsenfrüchte – wie Kichererbsen – enthalten viel Vitamin B₁ (Thiamin). Wer oft Diäten macht, zu viel Alkohol trinkt oder sich einseitig ernährt, läuft Gefahr, an Vitamin-B1-Mangel zu leiden.

 Zubereitung: anspruchsvoll

 Portionen: 2

 Zubereitungsdauer: 1 Std. 20 min

 Temperatur – Backen: 180 °C (Umluft 160 °C)

 Kalorien pro Portion: 470

Hauptgerichte mit Fisch und Meeresfrüchten

Mit unseren leckeren Seafood-Gerichten angeln Sie sich selbst eingeschworene Fleischliebhaber. Fisch und Meersfrüchte sorgen mit ihrer geschmacklichen Vielfalt für delikate Gaumenfreuden und versorgen Sie mit wertvollem Eiweiß, Omega-3-Fettsäuren sowie dem Spurenelement Jod.
Tun Sie sich etwas Gutes und genießen Sie 1–3-mal pro Woche – möglichst fangfrischen – Fisch – egal ob gegrillt, gekocht, gefüllt, asiatisch roh als Sushi & Co, in einer Paella oder in Kombinaton mit Gemüse und Nudeln.

Forelle auf Gemüsebett

Zutaten:
2 Forellen (je ca. 300 g)
Kräutersalz
Pfeffer
1 Zitrone, unbehandelt
2 cm Ingwer
1 Zwiebel
1 Bund Petersilie
Zitronenmelisse, einige Blätter
2 Zucchini
½ Bund Jungzwiebeln
2 EL Sojasoße
1 EL Olivenöl, kaltgepresst
1 EL Weißwein, trocken
1 TL Weinbrand

1 Forellen waschen, mit Küchenpapier trockentupfen, Haut beidseitig viermal schräg einschneiden, Fische innen und außen salzen, pfeffern

2 Zitrone waschen, abtrocknen, Schale raspeln, Saft auspressen, Ingwer schälen, reiben, Jungzwiebeln waschen, in 2 cm große Stücke schneiden, Zwiebel schälen und in feine Ringe schneiden, Petersilie und Zitronenmelisse waschen, abtrocknen, einige Blätter zum Garnieren beiseite legen, Rest klein hacken

3 Zitronenschale, Ingwer, Zwiebel, Petersilie und Zitronenmelisse vermengen, die Hälfte davon in den Bauch der Forellen geben, Zucchini waschen, putzen, in dünne Scheiben schneiden

4 Auflaufform mit etwas Öl einpinseln, Jungzwiebel und Zucchini darin verteilen, salzen, mit Zitronensaft beträufeln

5 Sojasoße, 2 EL Zitronensaft, Olivenöl, Salz, Pfeffer, Weißwein, Weinbrand vermengen, etwas davon in den Bauch der Forellen geben, Forellen auf die Zucchini legen, restliche Gewürzmischung und restliche Marinade darüber verteilen

6 In der Auflaufform im vorgeheizten Backofen bei 175 °C ca. 20–30 min backen

> Wohlfühlfigur-Tipp: Probieren Sie als kalorien- und fettarme Beilage köstliche – lange sättigende – Folienkartoffeln: Um die Garzeit zu verkürzen, packen Sie die Kartoffeln nur zur Hälfte in Folie.

Extra-Tipp: Mit den Blättern der Zitronenmelisse lassen sich Gerichte auch appetitlich und – fürs Auge – schön anrichten.

I FEEL GOOD–CHECK

♡ **schön – gesund – fit:** Zink ist besonders für Sportler zum Erhalt der Leistungsfähigkeit wichtig. Mit einer Forelle decken Sie 50% des täglichen Zink-Bedarfes.

Zubereitung: anspruchsvoll

 Portionen: 2

 Zubereitungsdauer: 50 min

 Temperatur – Backen: 175 °C (Umluft 150 °C)

 Kalorien pro Portion: 330

Folienforelle mit würziger Kapernsoße

1 Backofen auf 175 °C vorheizen, Knoblauch schälen, zerdrücken, Forellen waschen, mit Küchenpapier abtupfen, Forellen innen mit Knoblauch ausreiben, Oliven entsteinen, klein schneiden, im Inneren der Fische verteilen, salzen, pfeffern	**Zutaten:**
	2 Forellen (je ca. 300 g)
	2 EL Olivenöl, kaltgepresst
2 Forellen auf je eine Alufolie legen, 1 El Wein mit Weinwessig vermischen, über die Forellen gießen, Alufolien verschließen	1 Stange Lauch
	1 Knoblauchzehe
3 Forellen ca. 20–30 min backen	4 Oliven, schwarz
4 In der Zwischenzeit Kapernsoße vorbereiten: Lauch waschen, in Ringe schneiden, 2 EL Olivenöl und 1 EL kaltes Wasser in einem Topf erhitzen, Lauch darin etwas anrösten, restlichen Wein hinzufügen und ca. 5–8 min köcheln lassen	2 EL Kapern
	1/8 l Weißwein, trocken
	1 EL Weinessig
5 Petersilie waschen, klein hacken, mit Kapern zur Soße geben, mit Salz, Pfeffer abschmecken, Soße vom Herd nehmen, 1 EL Sahne dazurühren	1 EL saure Sahne (Sauerrahm)
	Vollmeersalz
	Pfeffer
6 Forellen aus der Folie nehmen, Soße über die Forellen gießen und servieren	½ Bund Petersilie
	Alufolie

> *I feel good*–Tipp: Probieren Sie anstelle von Forellen delikate Lachssteaks oder andere dicke weiße Fischsorten.

I FEEL GOOD–CHECK

 schön – gesund – fit: Sie können 20% Ihres täglichen Phosphorbedarfes mit einer Forelle decken. Ähnlich wie Kalzium brauchen Sie es für Knochen und Zähne. Leistungssportler haben einen erhöhten Bedarf.

Zubereitung: einfach

 Portionen: 2

 Zubereitungsdauer: 50 min

 Temperatur – Backen: 175 °C (Umluft 150 °C)

 Kalorien pro Portion: 430

Kabeljau mit Gemüsesoße

Zutaten:

- 2 Kabeljaufilets (à 150 g)
- 100 ml Gemüsesuppe
- 4 EL Olivenöl, kaltgepresst
- 1 Zitrone
- 1 Zucchino
- 2 Tomaten, mittelgroß
- ½ Stange Lauch
- ½ Fenchelknolle
- 1 Bund Rucola
- Vollmeersalz
- Pfeffer, schwarz
- 1 Pr. Chili
- 4 Pfefferkörner

1 Marinade: 3 El Öl mit zerdrückten Pfefferkörnern, Chili, Gemüsesuppe und Zitronensaft vermengen, Kabeljaufilets hineinlegen, 24 Std im Kühlschrank marinieren

2 Lauch waschen, klein schneiden, Tomaten häuten, in Würfel schneiden, mit 1 EL Öl und 1 EL kaltem Wasser anbraten. In Scheiben geschnittenen Zucchino und in Streifen geschnittene Fenchelknolle hinzufügen

3 Marinade durch ein Sieb in einen Topf gießen, auf 90 °C erwärmen, Kabeljaufilets 10 min darin gar ziehen lassen

4 Rucola waschen, klein schneiden, mit ein paar EL Marinade im Mixer pürieren, zusammen mit Kabeljaufilets und Gemüse servieren

I feel good–Tipp: Anstelle von Kabeljaufilets können Sie ebenso Lachs oder Karpfen verwenden.

Extra-Tipp:

Rucola ist ein aus Südtirol stammender Blattsalat mit nussigem, leicht herbem Geschmack. Harmoniert auch gut mit Pinienkernen.

I FEEL GOOD–CHECK

 schön – gesund – fit: 150 g Kabeljau decken den täglichen Jodbedarf. Dieses lebenswichtige Spurenelement ist für die Hormonbildung der Schilddrüse zuständig.

Zubereitung: einfach

 Portionen: 2

 Zubereitungsdauer: 40 min

 Kalorien pro Portion: 370

Makrelen à la Provence

	Zutaten:
1. Backofen auf 250 °C (Umluft 230 °C) vorheizen	2 Makrelen (à 250 g)
2. Makrelen innen und außen abspülen, mit Küchenpapier trockentupfen, Haut beidseitig 4-mal schräg bis auf die Gräten einschneiden, salzen, pfeffern, mit Zitronensaft beträufeln	1 EL Zitronensaft
	4 Knoblauchzehen
3. Knoblauch schälen, die Hälfte davon pressen und damit die Makrelen einreiben	1 Zwiebel
	1 EL Olivenöl, kaltgepresst
4. Zwiebel schälen, hacken, in erhitztem Öl 5 min andünsten, restlichen Knoblauch hacken, kurz mitdünsten	1 Zucchino, klein
	2 Karotten, klein
5. Zucchino, Kohlrabi und Karotten waschen, würfelig schneiden, im Öl anschmoren, Tomaten mit Saft unterrühren, Erbsen, Gemüsesuppenwürfel und Kräuter beifügen, nicht zugedeckt ca. 10 min garen	100 g Erbsen, tiefgekühlt
	1 Kohlrabi
6. Gemüse in eine Auflaufform füllen, Makrelen darauf legen, im Backofen auf mittlerer Schiene etwa 15 min überbacken – bis die Haut der Makrelen knusprig ist	1 Dose Tomaten, klein, geschält
	Kräuter der Provence (Thymian, Oregano, Estragon)
	½ Gemüsesuppenwürfel
	Salz
	Pfeffer

I feel good–Tipp: Um Vitaminverluste gering zu halten, garen Sie Gemüse möglichst nur kurz und vermeiden Sie das Warmhalten.

I FEEL GOOD–CHECK

 schön – gesund – fit: Mit einer Makrele decken Sie etwa die Hälfte des täglichen Fluorbedarfes. Fluor verhindert Kariesbildung, ist am Knochenaufbau beteiligt und wirkt daher vorbeugend gegen Osteoporose.

Zubereitung: einfach

 Portionen: 2

 Zubereitungsdauer 40 min

 Temperatur – Backen: 250 °C (Umluft 230 °C)

 Kalorien pro Portion: 480

Rotbarbe mit Zitronengras

Zutaten:

- 2 Rotbarben, mittelgroß, küchenfertig
- ½ Bund Zitronengras
- 4 EL Zitronensaft
- Zitronenschale
- 2–3 cm Ingwer, frisch
- 4 Knoblauchzehen
- 2 TL Pfefferkörner, rot
- 2 EL Sesamöl, kaltgepresst
- Vollmeersalz
- Alufolie

1. Fische innen und außen gründlich waschen, trockentupfen, Zitronengras in Stücke schneiden, Zitrone gut waschen, Schale fein reiben, Saft ausdrücken, Ingwer und Knoblauch schälen, in feine Scheiben schneiden, Fische mit einem Teil der Zutaten füllen, in eine große Auflaufform legen, Pfefferkörner und restliche Zutaten rundum drapieren, mit Sesamöl beträufeln, zugedeckt im Kühlschrank über Nacht marinieren

2. Je eine Rotbarbe auf ein großes Stück Folie geben, salzen, marinierte Zutaten gleichmäßig rundum verteilen, Folie fest verschließen

3. Bei 200 °C (Umluft 180 °C) 10–15 min garen – Fische sind gar, wenn sich die Rückenflosse mühelos herausziehen lässt

4. Rotbarben in Folie auf Teller anrichten

I feel good–Tipp: Servieren Sie als Beilage knuspriges Weizenbrot und Salzkartoffeln: Kartoffeln in Salzwasser kochen, schälen und warm stellen. Legen Sie zwischen Kartoffelschüssel und Deckel ein sauberes Küchentuch. Dieses zieht den Dampf ab, und die Kartoffel bleiben auch fürs Auge appetitlich anzusehen.

Extra-Tipp:

Frischen Fisch erkennen Sie an folgenden Merkmalen: Augen klar und etwas hervorstehend, Kiemen leuchtend rot, Fleisch gibt auf Daumendruck sofort nach und federt zurück, kein stechender Geruch nach Ammoniak.

I FEEL GOOD–CHECK

 schön – gesund – fit: Der im Fisch enthaltene Muntermacher Niacin verhilft Nervensystem und Gehirn zu reibungsloser Funktion. Weiters enthalten: das „Haar-Vitamin" B$_5$.

 Portionen: 2

 Zubereitungsdauer: 40 min, 12 Std. Marinierzeit

 Temperatur – Backen: 200 °C (Umluft 180 °C)

Zubereitung: einfach

 Kalorien pro Portion: 250

Seezunge auf Mangold

1 Mangoldblätter von den Stielen schneiden, waschen, grob zerkleinern, feine Haut von den Mangoldstielen abziehen, Stiele in Rauten schneiden, Mangoldblätter und -stiele nacheinander in Salzwasser blanchieren, abschrecken und abtropfen lassen, Backofengrill vorheizen

2 Zwiebel schälen, in kleine Würfel schneiden, in einer Pfanne 1 EL Olivenöl und 1 TL kaltes Wasser erhitzen, Zwiebel glasig andünsten, Mangoldblätter und -stiele mit Rosinen untermischen, mit Salz, Pfeffer und wenig Muskat würzen

3 In einer Bratpfanne 1 EL Olivenöl erhitzen, Lorbeerblatt, Koriander, Gewürzfenchel und ungeschälte Knoblauchzehen anrösten, mit Weißwein ablöschen, die Kräuterzweige hineinlegen

4 Fisch waschen, mit Küchenpapier trockentupfen, beidseitig mit Salz und Pfeffer würzen, in einer Pfanne restliches Olivenöl erhitzen, Seezunge beidseitig anbraten, auf das Kräuterbett in die Pfanne legen, im Ofen etwa 20 min grillen

5 Zitrone mit einem scharfen Messer so schälen, dass die weiße Haut mit entfernt wird, quer in dünne Scheiben schneiden, in einer Pfanne 1 TL Butter zerlassen, die Zitronenscheiben vorsichtig mit den Kapern andünsten

6 Mangoldgemüse auf Teller anrichten, Seezunge drauf legen, mit Kapernbutter beträufeln

Zutaten:
- 400 g Mangold
- 1 Zwiebel, klein
- 2–3 EL Olivenöl, kaltgepresst
- 1 EL Rosinen
- Pfeffer aus der Mühle
- Muskatnuss, frisch gerieben
- 1 Lorbeerblatt
- 1 TL Korianderkörner
- 1 TL Gewürzfenchel, ganz
- 2 Knoblauchzehen
- $1/16$ l Weißwein
- je 2 Thymian- und Petersilienzweige
- 350 g Seezungenfilet
- 1 Zitrone
- 1 TL Butter
- 1 EL Kapern
- Vollmeersalz

I feel good–Tipp: Als Beilage empfehlen wir rote Kartoffeln, diese entwickeln ein feineres Aroma als braunschalige. Gängige Sorten: Désirée festkochend, Roseval festkochend.

schön – gesund – fit: Mit einer Portion Mangold sichern Sie die Versorgung mit dem „Wunderheiler" Vitamin K – verantwortlich für Blutgerinnung, Knochenbildung und Vitalität.

 Zubereitung: anspruchsvoll

 Portionen: 2

 Zubereitungsdauer: 45 min

 Kalorien pro Portion: 425

Extra-Tipp:

Mangold ist ein ähnlich wie Spinat schmeckendes Blattgemüse und wird auch wie dieser zubereitet.

Lasagne mit Thunfisch

Zutaten:

- 1 Dose Thunfisch (185 g) in Wasser
- ½ Stange Lauch
- 1 Knoblauchzehe
- 1 Tomate, klein
- 1 TL Tomatenmark
- 1 EL Petersilie
- Vollmeersalz
- Pfeffer
- 160 ml Milch
- 1 EL Mehl
- 1 Ei
- 1 Pr. Muskat
- Etwas Öl
- 4 Lasagneblätter
- 1 TL Parmesan
- 40 g Käse
- 1 Msp. Paprika

1. Lauch waschen, in Ringe schneiden, Knoblauch schälen, hacken, Tomate blanchieren, schälen, Käse reiben, Thunfisch abtropfen lassen
2. Lauch, Knoblauch, Tomaten, Tomatenmark, Petersilie vermengen, mit Salz und Pfeffer würzen, Thunfisch dazu geben
3. Milch mit Mehl mischen, bei geringer Hitze auf dem Herd eindicken lassen, Ei schlagen, mit Muskat dazu rühren
4. Auflaufform mit Öl auspinseln, 4 Lasagneblätter in heißes Wasser tauchen, 1 Blatt in die Form legen, eine Hälfte Thunfischmischung darauf legen, Lasagneblatt, restliche Thunfischmischung darauf, abschließend ein Lasagneblatt, darüber die Soße geben, mit Parmesan, Käse und Paprika bestreuen
5. Lasagne 30 min bei 180 °C backen

Extra-Tipp:

Lasagneblätter können Sie fertig kaufen oder nach unserem Rezept von Seite 140 selbst zubereiten.

I FEEL GOOD–CHECK

 schön – gesund – fit: 150 g Thunfisch decken den Tagesbedarf an Vitamin B₃. Dieses wahre Power-Vitamin ist besonders für Sporttreibende wichtig und sorgt zudem für eine gesunde und schöne Haut.

Zubereitung: anspruchsvoll

 Portionen: 2

 Zubereitungsdauer: 60 min

 Temperatur – Backen: 180 °C (Umluft 160 °C)

 Kalorien pro Portion: 500

Thunfischsteaks

1. Olivenöl, Weißwein und Zitronensaft in einer kleinen Schüssel zur Marinade verrühren, Thunfischsteaks hineinlegen, 1 Std. kalt stellen – dabei den Fisch nach ½ Std wenden
2. Oliven entsteinen und klein schneiden, mit dem gepressten Knoblauch, Kapern und Öl zu einer glatten Soße pürieren und kalt stellen
3. Thunfischsteaks bei starker Hitze auf einer Grillplatte beidseitig je 2–3 min grillen, dabei mit der Marinade bepinseln
4. Thunfisch auf Teller anrichten, mit je 1 EL Olivenpaste und Sahne garniert servieren

Zutaten:
2 Thunfischsteaks (à 300 g)
1 EL Olivenöl, kaltgepresst
2 EL Weißwein, trocken
2 EL Zitronensaft
100 g Oliven, schwarz (Gewicht ohne Kerne)
1 TL Kapern
1 Knoblauchzehe
2 EL saure Sahne (Sauerrahm)

I feel good–Tipp: Grillen Sie bei Schönwetter Ihre Thunfischsteaks im Freien auf dem Holzkohlengrill. Als Beilage empfehlen wir Gemüseragout, Kartoffeln oder einen frischen, knackigen Sommersalat.

I FEEL GOOD–CHECK

 schön – gesund – fit: Das Vitamin B6 (Pyridoxin) im Thunfisch ist ein Alroundhelfer: Blutbildung, Immunsystem, Magensäure, Nervenarbeit etc. Besonders wichtig für Frauen, welche die Pille nehmen, Schwangere und Stillende.

 Zubereitung: einfach

 Portionen: 2

 Zubereitungsdauer 15 min, 60 min Marinierzeit

Kalorien pro Portion: 600

Extra-Tipp:

Lassen Sie sich von der japanischen Küche inspirieren und probieren Sie auch einmal Sushi mit rohem Tunfisch (siehe Sushi-Rezept Seite 181). Das rohe Thunfischfleisch lässt sich – ohne zu zerfallen – gut in dicke Scheiben schneiden.

Shrimps mit Ingwer und Gemüse

Zutaten:

- 1 Karotte, groß
- 1 Zucchino
- 1 Paprika, rot
- 100 g Mais
- 2–3 cm Ingwer, frisch
- ½ Zwiebel
- ½ Bund Schnittlauch
- 1 EL Sojasoße
- 60 ml Hühnersuppe
- 100 g Shrimps, gekocht
- Vollmeersalz
- Pfeffer
- 1 Msp. Kümmel
- 1 Msp. Cayennepfeffer
- 1 Pr. Piment

1. Karotte und Zucchino waschen, in kleine Streifen schneiden, Paprika waschen, würfelig schneiden, Ingwer schälen, reiben, Zwiebel schälen, hacken, Ingwer und Zwiebel miteinander vermengen
2. Öl in einer Pfanne erhitzen, Zwiebel, Ingwer, Kümmel andünsten, restliches Gemüse, 3 EL von der Hühnersuppe und Piment dazu geben, bei mäßiger Hitze 5–8 min bissfest dünsten
3. Sojasoße, restliche Hühnersuppe und Shrimps beigeben, kurz erhitzen, mit Salz, Pfeffer, Cayennepfeffer abschmecken
4. Schnittlauch waschen, trocken schütteln, in kleine Röllchen schneiden, darüber streuen

I feel good–Tipp: Eine exotische Note erhält dieses Gericht, wenn Sie als Beilage gekochten Reis mit frischer, fein geschnittener Ananas servieren.

Extra-Tipp:

Rosa Shrimps entstammen der nordeuropäischen Atlantikküste, graue Shrimps hingegen werden vor Frankreich und Großbritannien gefangen.

I FEEL GOOD–CHECK

 schön – gesund – fit: Meerestiere sind gute Zinklieferanten. Zink übt u. A. einen Einfluss auf Wundheilung und Stressresistenz aus.

 Portionen: 2

 Zubereitungsdauer: 30 min

Zubereitung: einfach

 Kalorien pro Portion: 175

Sizilianischer Meeresfrüchtetopf

1. Fische und Meeresfrüchte in Stücke schneiden, mit Zitronensaft beträufeln
2. Zwiebel schälen, in Ringe schneiden, Knoblauch schälen, pressen, Karotten waschen, in Streifen schneiden, in 2 EL erhitztem Öl 5 min dünsten, Tomaten, Lorbeerblatt, entsteinte Oliven, Chili beigeben, salzen, pfeffern, mit Weißwein aufgießen, ca. 15 min kochen
3. Brotscheiben mit restlichem Öl in einer Pfanne beidseitig knusprig braten, danach auf Küchenpapier abtropfen lassen, warm stellen
4. Geschnittene Fische und Meeresfrüchte dem Eintopf beifügen, 5 min mitgaren, Lorbeerblatt entfernen, Petersilie fein hacken
5. Je 1 Scheibe Brot in einen tiefen Teller geben, Fischeintopf darüber gießen, mit Petersilie bestreut servieren

Zutaten:
Saft einer ½ Zitrone
2 EL Olivenöl, kaltgepresst
1 Zwiebel, klein
2 Knoblauchzehen
1 Karotte
½ Dose Tomaten, klein, geschält
60 g Oliven, schwarz
⅛ l Weißwein, trocken
1 Lorbeerblatt
Vollmeersalz
Pfeffer
1 Pr Chili
2 Scheiben Weiß- oder Vollkornbrot
300 g Fische und Meeresfrüchte (weißer Fisch, Muscheln, Garnelen)
1 EL Petersilie

I FEEL GOOD–CHECK

schön – gesund – fit: Miesmuscheln sind gute Lieferanten von Kalium, Phosphor, Magnesium, Jod, Fluor, Zink und Pyridoxin.

 Zubereitung: einfach

 Portionen: 2

 Zubereitungsdauer: 40 min

 Kalorien pro Portion: 540

Bunte Paella

Zutaten:
2 EL Olivenöl
$1/16$ l Weißwein
2 Hühnerunterschenkel, klein
30 g Rohschinken
250 g Meeresfrüchtecocktail
1 EL Zitronensaft
1 Paprika, grün
½ Zwiebel
2 Knoblauchzehen
½ Dose Tomaten, geschält
100 g Erbsen, tiefgekühlt
½ Hühnersuppenwürfel
½ TL Paprika
1 Pr. Kurkuma
Salz
Pfeffer
1 Pr. Chili
1 EL Petersilie
100 g Naturreis
350 ml Wasser
1 Msp. Curry

1 Reis in 250 ml Wasser 20 min auf kleiner Flamme kochen, quellen lassen, Salz erst gegen Ende der Kochzeit beigeben – ansonsten wird der Reis nicht weich

2 Zwiebel schälen, klein schneiden, Knoblauch schälen, hacken, Schinken würfelig schneiden, Petersilie waschen, trocken schütteln, klein schneiden

3 Öl und 1 EL kaltes Wasser in einer Pfanne erhitzen, Zwiebel, Knoblauch, Schinken darin anrösten, Tomaten mit einer Gabel zerdrücken, dazugeben, Hühnerschenkel, Zitronensaft, Gewürze, Suppenwürfel, 100 ml Wasser und Weißwein beifügen, zum Schluss Erbsen, Paprikawürfel, Meeresfrüchte untermischen, bei mittlerer Hitze ca. 8 min köcheln lassen

4 Gekochten Reis und Petersilie dazu geben, kurz mitköcheln lassen – bis die Flüssigkeit zur Gänze aufgenommen wurde

I FEEL GOOD–CHECK

♡ **schön – gesund – fit:** Schalentiere enthalten Kupfer. Wenn Sie sich antriebslos fühlen, blass sind und zu grauen Haaren neigen, kann dies ein Zeichen für Kupfermangel sein.

 Zubereitung: einfach

 Portionen: 2

 Zubereitungsdauer: 40 min

Kalorien pro Portion: 590

Mediterrane Fettuccine

Zutaten:

200 g Vollkornfettuccine (breite Bandnudeln)

1 EL Olivenöl, kaltgepresst

1 Knoblauchzehe

1 Tomate

½ Bund Rucola

2 EL Kapern

40 g Oliven, schwarz

30 ml Weißwein, trocken

1 EL Petersilie, frisch

45 g Sardellen (Anchovis)

1 EL Pinienkerne

1 TL Olivenöl

1 EL Vollkornbrösel

1 EL Parmesan, gerieben

1. Fettuccine in einem Topf mit Salzwasser bissfest kochen, abtropfen, erneut in den Topf geben

2. Knoblauch schälen, hacken, Öl in einer Pfanne erhitzen, Knoblauch 1 min unter Rühren dünsten, fein gehackte Oliven, geschälte, in Würfel geschnittene Tomaten und Kapern beimengen, Weißwein dazu geben, 2 min köcheln

3. Petersilie waschen, trocken schütteln, fein hacken, beigeben, Rucola waschen, in Streifen schneiden, dazufügen, Soße aufkochen, bei niedriger Hitze 5 min köcheln, Soße vom Herd nehmen, abgetropfte Sardellen beimengen und die Soße mit den Fettuccine vermischen

4. Brösel in 1 TL Olivenöl knusprig goldbraun rösten, Pinienkerne kurz mitrösten und vor dem Servieren geriebenen Parmesan über die Pasta streuen

I feel good–Tipp: Anstatt Fettuccine fertig zu kaufen, bereiten Sie zur Abwechslung Ihre Bandnudeln einmal selbst zu – und vergleichen Sie den Geschmack!

I FEEL GOOD–CHECK

 schön – gesund – fit: Pinienkerne sind reich an Phosphor (körperliche Ausdauer) und Vitamin B₁ (mentale Fitness).

 Portionen: 2

Zubereitungsdauer: 30 min

 Zubereitung: einfach

 Kalorien pro Portion: 600

Haifisch con piselli

①	Fisch waschen, mit Küchentuch abtrocknen, in Würfel schneiden	
②	Knoblauchzehe schälen, zerdrücken, mit Fischwürfeln und 1 EL Öl in einer Pfanne 30–60 min marinieren	
③	Petersilie, Basilikum waschen, klein hacken, Zwiebel schälen, hacken, mit 1 EL Öl, dem zerhackten Gemüse und den Haifischwürfeln ca. 5 min braten, mit Weißwein ablöschen, Salz, Pfeffer und Cayennepfeffer dazugeben, aufkochen lassen	
④	Fischwürfel herrausnehmen und warm stellen	
⑤	Erbsen, passierte Tomaten, 2 EL warmes Wasser, ½ Suppenwürfel zur Soße geben, so lange kochen, bis die Erbsen weich sind und das Sugo etwas eingedickt ist	
⑥	Fischwürfel wieder zugeben, einige min bei mittlerer Hitze köcheln lassen	

Zutaten:
- 300 g Haifischsteak, gehäutet
- 200 g Erbsen, frisch, ausgelöst
- 2 EL Olivenöl, kaltgepresst
- 100 g Tomaten, passiert
- 1 Zwiebel, klein
- 1 Knoblauchzehe
- ½ Bund Petersilie
- ½ Bund Basilikum
- 1/16 l Weißwein, trocken
- Kräutersalz
- Pfeffer
- 1 Pr. Cayennepfeffer
- ½ Gemüsesuppenwürfel

I feel good–Tipp: Für dieses Rezept können Sie auch jede andere beliebige Fischart verwenden.

I FEEL GOOD–CHECK

♡ **schön – gesund – fit:** In Erbsen stecken bis zu 23% Eiweiß, ein hoher Vitamin-B₁-Gehalt sowie sättigende Ballaststoffe und Kohlenhydrate. Trockene, ausgereifte Erbsen enthalten mehr Eiweiß und Kohlenhydrate als Frischgemüse.

 Zubereitung: anspruchsvoll

 Portionen: 2

 Zubereitungsdauer: 60 min

 Kalorien pro Portion: 425

Spagetti alle vongole

Zutaten:

500 g Venusmuscheln, frisch (oder 300 g im Glas)
1 EL Zitronensaft
3 EL Olivenöl, kaltgepresst
1–2 Knoblauchzehen
1 Dose Tomaten, klein (Abtropfgewicht 240 g)
1 EL Kapern
120 g Spaghetti
1 Schuss Weißwein
2 EL Petersilie
Vollmeersalz
Pfeffer, schwarz
1 Pr. Chilli

1 Muscheln gut unter fließendem Wasser abbürsten, mit Zitronensaft in einem Topf mit Wasser bedecken, bei mittlerer Hitze 7–8 min kochen, geschlossene Muscheln wegwerfen, Muschelfleisch herausnehmen, beiseite legen, Schalen wegwerfen

2 Öl in einer Pfanne erhitzen, zerdrückten Knoblauch 5 min bei niedriger Hitze dünsten, mit einem Schuß Weißwein ablöschen, Tomaten unterrühren und mit einer Gabel zerdrücken, Kapern und etwas vom Muschelkochwasser dazumischen, aufkochen, abgedeckt 20 min köcheln, mit Pfeffer, Chili würzen, Muschelfleisch wieder dazugeben und erwärmen

3 Petersilie waschen, fein hacken und unterrühren

4 Spagetti in einem Topf mit Salzwasser bissfest kochen, kalt abschrecken, abtropfen und mit der Vongole-Soße servieren

I feel good–Tipp: Wenn Sie anstelle frischer Venusmuscheln Muscheln im Glas verwenden, lassen Sie diese einfach abtropfen und spülen Sie sie gut ab.

I FEEL GOOD–CHECK

♡ **schön – gesund – fit:** 200 g Tomaten haben nur 34 kcal und decken 30% des täglichen Vitamin A-Bedarfes – schützt die Haut vor Umweltbelastungen und Sonneneinstrahlung.

 Zubereitung: einfach

 Portionen: 2

 Zubereitungsdauer: 45 min

 Kalorien pro Portion: 480

Kalamari ripieni mit 2 Füllungen

1. Tintenfische waschen, mit Küchenpapier trockentupfen, Tentakel abschneiden, fein hacken, Knoblauch schälen, 2 Zehen fein hacken, Kräuter waschen, trocken schütteln, fein hacken
2. Tentakel, gehackten Knoblauch, Kräuter, Semmelbrösel, Ei, Parmesan und Pinienkerne vermengen, salzen, pfeffern, Kalamari damit füllen
3. Tomaten blanchieren, häuten, Stielansätze entfernen, mit restlichem geschälten Knoblauch schneiden, Zwiebel schälen, hacken
4. Öl in einer Pfanne erhitzen, bei mäßiger Hitze Zwiebel, Knoblauch 5 min dünsten, Tomaten, grob gehackte Kräuter beifügen, Sepia darauf geben, 1 Std. zugedeckt schmoren lassen

Zutaten:
4 Kalamari, mittelgroß (ca. 300 g)
5 Knoblauchzehen
Basilikum
Petersilie
2 EL Semmelbrösel
1 Ei
1 EL Parmesan, gerieben
1 EL Pinienkerne
Salz
Pfeffer
3 Tomaten
½ Zwiebel
1 EL Olivenöl, kaltgepresst

I FEEL GOOD–CHECK

schön – gesund – fit: Knoblauch – von Teufeln, Geistern und Vampiren gefürchtet. Für „Normalbürger" stärkt er das Immunsystem und verlängert das Leben.

 Zubereitung: anspruchsvoll

 Portionen: 2

 Zubereitungsdauer: 1 Std. 45 min

 Kalorien pro Portion: 340

2. Variante: Rucolafüllung

Zutaten:
½ Zwiebel
1 Knoblauchzehe
1 EL Olivenöl, kaltgepresst
25 g Rucola
75 g Ricotta
1 TL Parmesan, gerieben
½ Eigelb
1 TL Semmelbrösel
Salz
Pfeffer aus der Mühle

Zubereitung der Füllung:

1. Zwiebel und Knoblauch schälen, klein schneiden, im Öl glasig dünsten
2. Rucolabläter waschen, abtropfen, klein schneiden, mit gehacktem Tentakel, Zwiebel, Knoblauch, Ricotta, Parmesan, Eigelb und Semmelbröseln mischen, salzen, pfeffern
3. Kalamari wie bei voriger Variante füllen und auf Tomaten dünsten

---

I FEEL GOOD–CHECK

 schön – gesund – fit: Kalamari – der Tintenfisch – ist sehr fett- und kalorienarm. 100 g enthalten nur 68 kcal und 0,8 g Fett.

 Zubereitung: anspruchsvoll

 Portionen: 2

 Zubereitungsdauer: 1 Std. 45 min

 Kalorien pro Portion: 300

Japanische Reishäppchen: Sushi

	Zutaten:
	150 g Lachsfilet, frisch
	2 TL Wasabipulver
	1 Zitrone, klein, unbehandelt
	Ingwer, eingelegt
	Sojasoße, japanisch
	125 g Rundkornreis, weiß
	150 ml Wasser
	2 EL Reisessig
	2 EL Zucker
	1 TL Salz

1. Sushi-Reis: Reis in kaltem Wasser waschen, gut abtropfen, mit 150 ml Wasser aufkochen, bei starker Hitze 2 min kochen, zugedeckt bei kleiner Hitze 10 min quellen lassen, Deckel entfernen, Reis mit einem Küchentuch bedeckt 10 min abkühlen lassen. Inzwischen je 2 EL Reisessig und Zucker mit 1 TL Salz aufkochen und abkühlen, Reis in einer Schüssel mit Würzessig mischen, abkühlen lassen
2. Lachsfilet in Alufolie einpacken, ca. 1 Std im Gefrierfach aufbewahren – damit er sich gut schneiden lässt
3. Wasabipulver mit 3 TL Wasser vermengen, quellen lassen
4. Lachs schräg zur Faser in acht 3 × 5 cm große Stücke schneiden, zum Auftauen auf Küchenpapier legen
5. Mit angefeuchteten Händen je 1 EL Reis zu einem länglichen Stück formen, Lachsstücke hauchdünn mit Wasabipaste bestreichen, mit der Wasabiseite auf den Reis legen, sanft andrücken und nachformen
6. Zitrone heiß abspülen, abtrocknen, in dünne Scheiben schneiden, halbieren
7. Sushi mit Zitronenscheibe garnieren, mit Sojasoße, Wasabipaste, Ingwer servieren

I feel good–Tipp: Verwenden Sie für Sushi japanischen Rundkornreis oder italienischen Risotto-Reis, der nach dem Kochen körnig ist und leicht klebt. Anstelle von Reisessig können Sie notfalls auch verdünnten Obstessig ausprobieren.

I FEEL GOOD–CHECK

♡ **schön – gesund – fit:** Essen Sie mehr Seefisch und Algen für eine ausreichende Jodversorgung. Das fördert die Bildung des Schilddrüsenhormons und sorgt u. a. für eine positive Ausstrahlung.

 Zubereitung: anspruchsvoll

 Portionen: 8 Stück

 Zubereitungsdauer: ca 30 min, 1 Std. Gefrierzeit

💡 **Kalorien pro Stück:** 90

Extra-Tipp: Wasabi – scharfer, grüner Kren –, japanische Sojasoße und in Essig eingelegten Ingwer erhalten Sie in gut sortierten Supermärkten wie auch in Asienläden.

Beilagen

Verschiedene Beilagenkreationen sorgen bei ein und demselben Gericht für eine Vielfalt an aromatischen Geschmackserlebnissen. Wir haben uns von Ländern wie China, Spanien, Italien und der Türkei inspirieren lassen, um Sie und Ihre Gäste mit raffinierten Gemüse- und Kartoffelkompositionen zu überraschen.
Einige Beilagen – wie unsere Spinatvariationen, Griechische Fisolen oder das Gehackte Kartoffel-Kürbis-Püree können Sie auch – in größerer Portion – als Hauptspeise essen. Weitere Beilagentipps für jede Gelegenheit finden Sie im Kapitel Salate und Gemüse. Unsere Vorschläge werden Sie bestimmt begeistern!

Türkischer Spinat mit Jogurt

Zutaten:

- 250 g Blattspinat, frisch
- Salz
- ½ Zwiebel
- 1 Knoblauchzehe
- ⅛ l Jogurt
- 1 Msp. Kümmel
- 1 TL Zitronensaft
- Pfeffer
- 1 EL Olivenöl, kaltgepresst

1. Spinat verlesen, mit kaltem Wasser gründlich waschen, in einem Topf mit reichlich kochendem Wasser ca. 3 min kochen, in ein Sieb leeren, kalt abschrecken, ausdrücken und fein hacken
2. Zwiebel, Knoblauch schälen, fein hacken
3. Öl in einem Topf erhitzen, Zwiebel, Knoblauch kurz andünsten, Spinat dazu geben, einige min mitdünsten
4. Mit Jogurt vermengen, mit Salz, Kümmel, Pfeffer, Zitronensaft abschmecken

Extra-Tipp: Wenn Sie nur wenige Zitronenspritzer benötigen, stechen Sie mit einem Zahnstocher die Zitronenschale an und pressen Sie den Saft heraus. Die Stelle verschließt sich schnell von selbst wieder, so dass keine Bakterien in die Frucht gelangen.

I feel good–Tipp: Im Sommer schmeckt der Spinat auch als gekühlte Beilage köstlich.

I FEEL GOOD–CHECK

 schön – gesund – fit: Auch Spinat ist ein wunderbarer Kalziumspender – kann das prämenstruelle Syndrom (Reizbarkeit, Schlaflosigkeit etc. vor der Menstruation) mildern.

Zubereitung: einfach

 Portionen: 2

 Zubereitungsdauer: 20 min

 Kalorien pro Portion: 65

Spanischer Spinat mit Pinienkernen

	Zutaten:
① Spinat waschen, abtropfen lassen, Stiele entfernen, Knoblauch schälen, zerdrücken, Brot würfelig schneiden	25 g Rosinen
② Rosinen mit kochendem Wasser überbrühen, 10 min einweichen, Wasser abschütteln	1 Scheibe Vollkornbrot, klein
③ Öl in einer Pfanne erhitzen, Brotwürfel goldbraun braten, auf Küchenpapier abtropfen	1–2 EL Olivenöl, kaltgepresst
④ Pinienkerne in erhitzem Öl anbräunen, Spinat, Knoblauch beifügen, bei großer Hitze unter Rühren zusammenfallen lassen	1–2 EL Pinienkerne
	250 g Blattspinat
⑤ Rosinen, Sojasoße beimengen, salzen, pfeffern, mit Brotwürfeln bestreut servieren	1 Knoblauchzehe
	Salz
	Pfeffer
	1 Spritzer Sojasoße

> *I feel good*–Tipp: Um Zeit bei der Zubereitung zu sparen, können Sie auch Tiefkühlspinat verwenden.

I FEEL GOOD–CHECK

♡ **schön – gesund – fit:** Rosinen enthalten Kalium, Kalzium, Magnesium und Eisen – sind daher gute Knochen-, Gehirn- und Fitnessnahrung.

 Zubereitung: einfach

 Portionen: 2

 Zubereitungsdauer: 20 min

 Kalorien pro Portion: 210

Römischer Mangold

Zutaten:

- ½ kg Mangold
- ½ Zwiebel
- 2 Knoblauchzehen
- 1 EL Olivenöl, kaltgepresst
- 20 g Pinien
- 1 EL Rosinen
- 50 ml Weißwein, trocken
- Salz
- Pfeffer, schwarz

1. Mangold putzen, waschen, abtropfen lassen, Stiele und Blätter in fingerbreite Streifen schneiden, Zwiebel und Knoblauch schälen, Knoblauch pressen, Zwiebel fein schneiden

2. In einem großen Topf Öl erhitzen, Zwiebel und Knoblauch anrösten, Mangold und Pinien dazugeben, kurz anbraten, Rosinen und Weißwein hinzufügen, das Gemüse bei schwacher Hitze zugedeckt 5–8 min gar dünsten, mit Salz und Pfeffer würzen

> *I feel good*–Tipp: Beim Einkauf von Mangold achten Sie auf unverletzte Blätter mit dunkelgrüner Farbe sowie fleckenlose, rote oder weiße Stiele. Mangold können Sie – locker in ein Tuch gewickelt – im Kühlschrank etwa drei Tage lang aufbewahren.

I FEEL GOOD–CHECK

schön – gesund – fit: Mangold ist ein richtiger „Knochen-Fitmacher" – 200 g enthalten 206 mg Kalzium.

 Zubereitung: einfach

 Portionen: 2

 Zubereitungsdauer: 20 min

 Kalorien pro Portion: 200

Chinesischer Spinat mit Ingwersoße

① Spinat verlesen, gründlich waschen, Stiele entfernen, Ingwer schälen, fein reiben, Soßezutaten in einer kleinen Schüssel vermengen	**Zutaten:**
	300 g Blattspinat, frisch
② Spinat in einen Topf mit kochendem Salzwasser geben, darin aufkochen – bis er zusammengefallen ist	2–3 cm Ingwer, frisch
	Soße:
③ Spinat durch ein Sieb abgießen und mit kaltem Wasser kurz abschrecken, mit den Händen ausdrücken, auf einem Teller anrichten	2 EL Sojasoße
	3 EL Weinessig
④ Öl in einer Pfanne oder im Wok erhitzen, geriebenen Ingwer kurz anbraten – bis er duftet, mit Soße vermengen und über den Spinat gießen	2 TL Sesamöl, kaltgepresst
	1 TL Zucker

> *I feel good*–Tipp: Um Zeit bei der Zubereitung zu sparen, können Sie auch Tiefkühlspinat verwenden.

I FEEL GOOD–CHECK

♡ **schön – gesund – fit:** Ingwer gilt bei den Asiaten als „heißes Gewürz" und deshalb auch als aphrodisierend. Ingwer wärmt sozusagen von innen und wirkt auch magenberuhigend.

 Zubereitung: einfach

 Portionen: 2

 Zubereitungsdauer: 20

 Kalorien pro Portion: 75

Gerösteter Knoblauch mit Broccoli

Zutaten:

1 Knoblauchknolle (ca. 70 g)
1 EL Olivenöl, kaltgepresst
400 g Broccoliröschen
1 TL Sesamöl, kaltgepresst
1 EL Sojasoße
1 EL Mandelblättchen

1. Knoblauchzehen teilen, schälen, eine kleine Pfanne mit Olivenöl ausstreichen, Knoblauchzehen hinein geben und ca 20 min bei 230 °C im Backrohr backen – bis der Knoblauch gebräunt ist, kleinere Zehen – die schon gebräunt sind – vorher herausnehmen
2. Währendessen Broccoliröschen teilen, waschen, etwas Wasser in einen Topf mit Siebeinsatz füllen, Broccoli bei zugedecktem Topf ca. 5 min bissfest dämpfen
3. In einer flachen Schüssel Öl und Sojasoße vermengen, Broccoli und Knoblauchzehen darin schwenken, gut mischen und mit Mandelblättchen bestreuen

Griechische Bohnen

Zutaten:

1 EL Olivenöl, kaltgepresst
1 Zwiebel, klein
1 Knoblauchzehe
1 Tomate, groß (ca. 200 g)
1 EL Obstessig
1/16 l Weißwein, trocken
250 g grüne Bohnen (Fisolen)
1 EL Petersilie
Salz
Pfeffer

1. Zwiebel schälen, in Streifen schneiden, Knoblauch schälen, hacken, Tomate waschen, entkernen, grob hacken, Petersilie waschen, trocken schütteln, klein hacken, Bohnen waschen, Enden abschneiden
2. Olivenöl in einem Topf erhitzen, Zwiebel und Knoblauch kurz andünsten, Tomate, Essig, Wein, Salz und Pfeffer zufügen, zum Kochen bringen, ohne Deckel unter Rühren ca. 5 min köcheln, Bohnen zugeben, 5 min zugedeckt garen
3. Mit Petersilie garniert servieren

I FEEL GOOD–CHECK

♥ **schön – gesund – fit:** Grüne Bohnen sind reich an Vitamin C, Eisen und Magnesium. Wenn Sie viel Sport betreiben, unter Stress stehen oder übermäßig schwitzen – steigt Ihr Magnesiumbedarf.

 Zubereitung: einfach

 Portionen pro Rezept: 2

 Zubereitungsdauer: 30 min

 Kalorien pro Portion: 180/125

Gebackenes Kartoffel-Kürbis-Püree

1	Kürbis schälen und in große Würfel schneiden, Kartoffeln schälen, würfeln, Apfel schälen, entkernen, vierteln, eine kleine Auflaufform einfetten
2	Wein in einem Topf erhitzen, Kürbis, Kartoffeln, Apfel darin ca. 15 min zugedeckt garen
3	Alles durch eine Kartoffelpresse drücken, mit Jogurt und restlichen Gewürzen vermengen
4	Eiweiß steif schlagen, vorsichtig unter die Kartoffelmasse heben, in der Auflaufform 15 min bei 180 °C backen

Zutaten:
$1/16$ l Weißwein
170 g Kürbis
170 g Kartoffeln
1 Apfel, mittelgroß, säuerlich
$1/16$ l Jogurt
1 Pr. Muskat
1 Pr. Cayennepfeffer
1 Pr. Zimt
Pfeffer, schwarz
Salz
1 Eiweiß
Kokosfett, ungehärtet – zum Einfetten

I feel good–Tipp: Herkömmliches Kartoffelpüree erhält durh etwas untergerührten geriebenen Käse eine besonders delikate Geschmacksnote. Oder Sie garnieren das Püree mit in wenig Öl gedünsteten Zwiebelwürfeln.

Extra-Tipp:

Verwenden Sie aus Zeitspargründen fertig zubereitetes Püree, verfeinern Sie es durch die Beigabe von Muskat und Salz, zwei geriebenen rohen Kartoffeln, Jogurt oder saurer Sahne.

I FEEL GOOD–CHECK

 schön – gesund – fit: Muskat ist nicht nur wegen der speziellen Würze begehrt, sondern auch aufgrund der anregenden bis berauschenden Wirkung.

Zubereitung: anspruchsvoll

 Portionen: 2

 Zubereitungsdauer: 1 Std.

 Temperatur – Backen: 180 °C (Umluft 160 °C)

 Kalorien pro Portion: 180

Zutaten:
350 g Aubergine (Melanzzani)
Salz
2 EL Olivenöl, kaltgepresst
2 Zwiebeln, klein (ca. 150 g)
¼ Staudensellerie
2 Tomaten (200 g)
50 g Oliven, grün
25 g Kapern
1 TL Zucker
Weißweinessig
Pfeffer

Caponata

1. Auberginen waschen, in Scheiben schneiden, mit Salz bestreuen, 30 min stehen lassen, mit Küchenkrepp trockentupfen, in heißem Öl braun braten, auf Küchenkrepp abtropfen lassen
2. Zwiebeln schälen, vierteln, Sellerie waschen, in Stücke schneiden, beides im Olivenöl 5 min dünsten, Tomaten blanchieren, schneiden, entkernen, häuten, dazugeben, Oliven entsteinen, mit Kapern, Zucker, Essig und Auberginen beifügen, in der zugedeckten Pfanne 10 min schmoren
3. Mit Salz und Pfeffer abschmecken, lauwarm oder kalt servieren

Peperonata

Zutaten:
2 EL Olivenöl, kaltgepresst
200 g Zwiebeln
2 Knoblauchzehen
½ Paprika, rot
½ Paprika, gelb
1 Dose Tomaten, geschält (240 g)
½ Gemüsesuppen-würfel
Vollmeersalz
Pfeffer
1 Pr. Chili

1. Zwiebeln schälen, in feine Scheiben schneiden, Knoblauch schälen, zerdrücken, Paprika waschen, putzen, in große Würfel schneiden
2. Öl in einer Pfanne erhitzen, Zwiebeln anbraten, nach ca. 3 min Knoblauch mitbraten – bis beide leicht gebräunt sind
3. Paprikawürfel zugeben, zugedeckt bei mittlerer Hitze 8–10 min dünsten
4. Tomaten beifügen, mit einer Gabel zerdrücken und mit Gemüsesuppenwürfel, Vollmeersalz und Pfeffer würzen
5. Nicht zugedeckt weiterdünsten – bis die Flüssigkeit zu einer dicken Soße eingekocht ist

I feel good–Ti*I feel good*–Tipp: Peperonata können Sie wahlweise heiß oder kalt servieren.

I FEEL GOOD–CHECK

 schön – gesund – fit: Die roten (reifen) Paprika zählen zu den besten Vitamin C-Lieferanten. Raucher haben einen erhöhten Vitamin-C-Bedarf, da dieses beim Abbau des Tabakrauches verbraucht wird.

 Zubereitung: einfach

 Portionen pro Rezept: 2

 Zubereitungsdauer: 45 min/30 min

 Kalorien pro Portion: 215/160

Sesam-Kartoffeln

Zutaten:

600 g Kartoffeln, festkochend

2 EL Olivenöl, kaltgepresst

Vollmeersalz

2 EL Reibkäse

2 EL Sesam

1. Backofen auf 200 °C vorheizen, Kartoffeln gut abbürsten, mit der Schale in dünne Scheiben schneiden, ein Backblech mit 1 EL Olivenöl einstreichen
2. Kartoffelscheiben fächerartig übereinander auf das Blech legen, mit restlichem Öl beträufeln, salzen, Käse und Sesam darüber streuen
3. Bei 200 °C (Umluft 180 °C) ca. 30 min gar backen

Knoblauch-Kartoffeln

Zutaten:

300 g Kartoffeln, sehr klein

1 EL Zitronensaft

8 Knoblauchzehen

2 Tomaten, getrocknet

3 Oliven, schwarz

2 TL Tabasco

1 Spritzer Worcestersoße

2 EL Wasser

1–2 EL Olivenöl, kaltgepresst

1. Kartoffeln gründlich waschen, bürsten, kleine Kartoffeln mit der Schale im Ganzen lassen, größere vierteln (ansonsten zu lange Kochzeit), Tomaten waschen, in Streifen schneiden, Oliven entsteinen, in Stücke schneiden, Knoblauch schälen, hacken
2. Pfanne mit Öl ausstreichen, Kartoffeln und Gemüse darin verteilen, Gewürze beifügen
3. Kartoffelpfanne im vorgeheizten Ofen bei 200 °C ca. 30 min backen, umrühren, etwas Wasser zugießen – damit die Kartoffeln nicht anbrennen
4. Gebräunte Kartoffeln aus dem Ofen nehmen und servieren

I FEEL GOOD–CHECK

 schön – gesund – fit: Augenmaske: 2 dünne Scheiben rohe Kartoffel auf die geschlossenen Augen legen, einige min entspannen – wirkt abschwellend und erfrischend.

Zubereitung: einfach

 Portionen pro Rezept: 2

 Zubereitungsdauer: 45 min/40 min

 Temperatur – Backen: 200 °C (Umluft 180 °C)

 Kalorien pro Portion: 390/245

Kartoffelpüree-Variationen

1. Kartoffeln waschen, bürsten, in ca. 100 ml Salzwasser mit der Schale ca. 20–30 min bei mittlerer Hitze weich kochen
2. Kartoffeln kurz mit kaltem Wasser abschrecken, schälen
3. Milch lauwarm erwärmen, heiße Kartoffeln durch eine Kartoffelpresse drücken mit Milch, Butter vermischen, mit Gewürzen abschmecken

Zutaten:

300 g Kartoffeln, mehligkochend
200 g Buttermilch
1 TL Butter
½ TL Vollmeersalz
1 Pr. Pfeffer
1 Pr. Muskat
100 ml Wasser

Variationen:

- Anstelle von Buttermilch können Sie Gemüsesuppe, Milch sowie einen Teil Quark oder Jogurt verwenden
- Weitere Püreezutaten: geröstete Zwiebeln, Knoblauch, Lauch oder anderes Gemüse unterrühren
- Farbvariationen: Mit etwas untergemischtem Cremespinat erhalten Sie grünes Püree, für rotes Pürree verwenden Sie als Flüssigkeit den Saft der roten Bete (Rüben), für gelbes Pürree mischen Sie 1 Msp. Safran – den Sie zuvor in 1 TL heißem Wasser auflösen – unter
- Mit Käse überbackenes Püree: Ca. 80 g Bergkäse unter das Püree mischen, Püree in eine gefettete Auflaufform füllen, mit etwas Käse bestreuen und bei 220 °C (Umluft 200 °C) ca. 30 min goldbraun überbacken. Püree nicht mit dem Mixer rühren, da es sonst klebrig und zäh werden kann!

Extra-Tipp:

Damit das Püree nicht bröckelig wird, immer angewärmte – keine kalte – Milch verwenden.

I FEEL GOOD–CHECK

♡ **schön – gesund – fit:** Püree bildet die perfekte Beilage für jede Gelegenheit und sorgt immer für eine lange anhaltende Sättigung – gut für Ihre Wohlfühlfigur!

 Zubereitung: einfach

 Portionen: 2

⏰ **Zubereitungsdauer:** 40 min

💡 **Kalorien pro Portion:** 175

Die Krönung Ihres Menüs: Desserts

Gehören Sie zu den Naschkatzen und Ihr erster Blick in diesem Buch gilt den süßen Rezepten auf den folgenden Seiten? Dann werden wir Sie sicherlich nicht enttäuschen: Wählen Sie aus zwischen cremig-leichten Jogurtdesserts, kalorienarmen süßen Früchtchen und sündigen Schokoladekreationen. Genießen Sie das natürliche Aroma saisonalfrischer Früchte als finalen Höhepunkt Ihres Menüs oder als Snack und Desserts wie unseren Gsunden Kaiserschmarrren, Topfen-Palatschinken und Früchte-Milchreis – in größerer Portion – auch als süße Hauptspeise.

Erdbeeren mit Zitronen-Himbeer-Sirup

Zutaten:
- 230 g Erdbeeren
- 1 TL Himbeeressig
- 30 ml Zitronensaft
- 1 TL Honig
- 1 Msp. Naturvanille
- 1 EL Mandelblättchen

1 Erdbeeren waschen, Blätter und Stiele entfernen, vierteln, Zitrone auspressen

2 Honig im Zitronensaft auflösen, Himbeeressig und Naturvanille dazu geben, Mix über die Erdbeeren gießen, mit Mandelblättchen bestreuen

I feel good–Tipp: Dekorieren Sie Ihr Dessert mit frischen Minzeblättchen.

Sesam-Birnen

Zutaten:
- 1–2 EL Sesam
- 1 EL Buchweizenkörner
- 1 EL Honig
- 2 EL Zitronensaft
- 2 Birnen, klein
- 1 Pr. Naturvanille

1 Sesam und Buchweizen in einer Pfanne ohne Fett erhitzen – bis der Sesam zu hüpfen beginnt, Honig zufügen, gut verrühren, vom Herd nehmen, Zitronensaft und Vanille untermengen

2 Birnen unter fließendem Wasser gut bürsten, Gehäuse und Stiele entfernen, in Spalten schneiden, mit Honigsesam vermischen

I feel good–Tipp: Probieren Sie anstelle von Birnen auch andere – saisonale – Obstsorten aus.

I FEEL GOOD–CHECK

♡ **schön – gesund – fit:** Sesam ist reich an ungesättigten Fettsäuren, Vitamin E, Vitaminen der B-Gruppe, Kalzium, Phosphor, Eisen und Magnesium. Sesam enthält u. A. Phytosterine – senken Cholesterinspiegel und schützen vor Krebs.

 Zubereitung: einfach

 Portionen pro Rezept: 2

 Zubereitungsdauer: 15 min

 Kalorien pro Portion: 90/170

Kürbiscreme

1. Aprikosen klein schneiden, in einem Topf mit Apfelsaft 10 min kochen
2. Kürbis schälen, Kerne und Fasern entfernen, Fruchtfleisch in kleine Würfel schneiden, die Hälfte der Aprikosen aus dem Topf nehmen, beiseite legen
3. Kürbisstücke mit den Aprikosen im Topf 8 min köcheln lassen, danach pürieren
4. Fruchtpüree mit Ingwer, Naturvanille, Honig, Zimt würzen, mit Jogurt und Quark verrühren, die beiseite gelegte Aprikosen dazu geben und mind. 15 min abkühlen lassen
5. Mit Kürbiskernen bestreut servieren

Zutaten:
350 g Kürbis
70 g Aprikosen (Marillen), getrocknet
100 ml Apfelsaft
1 Pr. Zimt
1 Pr. Ingwer
1 Pr. Naturvanille
1 TL Honig
3 EL Jogurt
1 EL Magerquark (Magertopfen)
1 EL Kürbiskerne, getrocknet

I feel good–Tipp: Echte Vanille, fein gemahlen oder als Schote, erhalten Sie im Naturkostladen. Damit können Sie selbst Vanillezucker herstellen: Bewahren Sie 1 Vanilleschote mit Zucker in einem verschlossenen Behälter auf.

I FEEL GOOD–CHECK

♡ **schön – gesund – fit**: Das Betakarotin in Aprikosen wirkt antioxidativ und schützt somit Ihre Zellen vor frühzeitigem Altern.

 Portionen: 2

 Zubereitungsdauer: 40 min

 Zubereitung: einfach

 Kalorien pro Portion: 230

Apfelmus

Zutaten:

- 500 g Äpfel
- 1 Zitrone
- 1 EL Honig
- 1 Pr. Zimt
- 1 Pr. Ingwer
- 1 Pr. Piment
- 1 EL Haselnüsse, gerieben

1. Zitrone heiß waschen, Schale mit einem feinen Hobel abreiben, auspressen, Zitronensaft, -schale, Honig und Gewürze verrühren
2. Äpfel gründlich waschen, vierteln, Gehäuse und Stiele entfernen, fein reiben, größere Schalenteile entfernen, sofort unter die Zitronenmischung rühren, in Dessertschüsseln füllen, mit Haselnüssen bestreut servieren

I feel good–Tipp: Probieren Sie anstelle von Haselnüssen – vor allem wenn Sie allergisch dagegen sind – auch geriebene Walnüsse.

Obst-Vitaminbombe

Zutaten:

- 1 Apfel
- 1 Banane
- 1 Orange
- 1 Kiwi
- 1 TL Honig
- 1 TL Obstessig
- 1 EL Zitronensaft
- 1 Pr. Naturvanille
- 1 EL Sonnenblumenkerne

1. Obst waschen, Banane, Orange und Kiwi schälen, Apfelgehäuse entfernen, alles in kleine, dekorative Würfel schneiden
2. Honig, Essig und Vanille verrühren, mit Obststücken vermengen
3. Sonnenblumenkerne in einer Pfanne ohne Öl kurz anrösten, über den Obstsalat streuen

I feel good–Tipp: Mit unbehandelten Orangenschalen können Sie Desserts wunderbar dekorieren. Schälen Sie eine Orange hauchdünn und schneiden Sie die Schale in Streifen – perfekt gelingt dies mit einem Ziselierer.

Extra-Tipp:

Anti-Falten-Gesichtsmaske: 1 Apfel reiben, 1 Becher Jogurt + etwas Weizenmehl verrühren, auftragen, ca. 25 min einwirken lassen

I FEEL GOOD–CHECK

♡ **schön – gesund – fit:** Mit diesem Vitamin-Mix erhalten Sie gleichzeitig eine Vielzahl an Antioxidantien – sie sind die „Zellpolizei" und machen die freien Radikale im Körper unschädlich.

 Zubereitung: einfach

 Portionen pro Rezept: 2

 Zubereitungsdauer: 20 min

 Kalorien pro Portion: 200/220

Himbeeren auf Weinschaumsoße

1. Himbeeren waschen, abtropfen lassen, in Dessertschalen anrichten
2. Kekse über den Himbeeren bröselig zerteilen, mit Kognak beträufeln
3. Weinschaumsoße: Ei, Honig und Wein in einer Metallschüssel verrühren, über einem warmen Wasserbad zu einer dicken, schaumigen Creme aufschlagen
4. Soße über die Beeren geben und servieren

I feel good–Tipp: Probieren Sie dieses fruchtige Dessert auch mit Heidelbeeren oder Erdbeeren aus.

Zutaten:
400 g Himbeeren
Vollkornkekse
2 EL Kognak
1 Eigelb
1 EL Honig
⅛ l Weißwein, trocken

Datteln mit Quarkfülle

1. Datteln waschen, auf einer Seite aufschneiden, Kerne entfernen
2. Quark, Honig, Orangenschale und -saft vermischen
3. Mischung in die Dattelöffnung drücken, mit je einer Mandel obenauf dekorieren

I feel good–Tipp: Gesichtspeeling: 2 EL Honig, 2 EL Mandeln püriert, 2 EL Mandelkleie mischen, mit kreisenden Bewegungen auftragen, 10 min antrocknen lassen

Zutaten:
6 Datteln, groß, frisch
60 g Magerquark (Magertopfen)
1 TL Honig
1 EL Orangensaft
½ TL Orangenschale, gerieben
6 Mandeln, ganz

I FEEL GOOD–CHECK

♡ **schön – gesund – fit:** Frische Datteln sind sehr aromatisch und zuckerreich, enthalten aber auch größere Mengen B-Vitamine, Eisen und Kalzium. Frische Datteln können Sie im Kühlschrank nicht zugedeckt erwa 10 Tage aufbewahren

 Zubereitung: einfach

 Portionen pro Rezept: 2

 Zubereitungsdauer: 20 min/15 min

 Kalorien pro Portion: 350/120

Extra-Tipp:

Mandeln gibt es in drei Sorten: Süß-, Krach- und Bittermandeln. Wie alle Nüsse unterstützen auch Mandeln wichtige Gehirnfunktionen und wirken gegen Konzentrationsstörungen.

Gratin mit bunten Früchten

Zutaten:
80 g Heidelbeeren
80 g Erdbeeren
80 g Kirschen
1 Eigelb
2 EL Honig
½ TL Naturvanille
1 EL Crème fraîche
2 EL Magerquark (Magertopfen)
1 EL Rum

1. Früchte waschen, mit Küchenpapier trocknen, Kirschenkerne entfernen, Erdbeeren und Kirschen klein schneiden, vermengen, in 2 ofenfeste Schalen füllen, Backofengrill vorheizen
2. Eigelb mit Honig und Naturvanille schaumig schlagen, mit Crème fraîche und Quark vermengen, in einem Topf unter Rühren erwärmen – nicht aufkochen lassen, wenn die Creme etwas flüssig wird – vom Herd nehmen
3. Creme abkühlen lassen, Rum dazumischen, über die Früchte gießen
4. Im heißen Backofengrill 1 min gratinieren, heiß servieren

Maiscreme-Dessert

Zutaten:
50 g Maisgrieß, grob
¼ TL Naturvanille
150 ml Wasser
60 ml Milch
1 EL Honig
20 g Haselnüsse, gerieben
½ Zitrone
180 g Heidelbeeren
50 g Jogurt
1 Pr. Zimt

1. Mais, Naturvanille und Wasser in einem Topf zu einem Brei vermengen, zum Kochen bringen, 2–3 min unter Rühren köcheln lassen, Herdplatte ausschalten, 15 min ausquellen lassen, Zitrone heiß waschen, trocknen, Schale reiben
2. Zitronenschale, Milch, Honig, Zimt, Haselnüsse mit der Creme verrühren und abkühlen lassen, dann Jogurt untermischen und in Dessertschüsseln geben
3. Heidelbeeren waschen, trocknen, mit etwas Honig beträufeln und auf der Maiscreme verteilen

I feel good–Tipp: Anstelle von Heidelbeeren können Sie auch anderes saisonales Obst verwenden.

I FEEL GOOD–CHECK

♡ **schön – gesund – fit:** Das Idealfigurgetreide Mais hat eine große Nährstoffdichte: Vitamin A, E, B_1 und B_2, wertvolle Kohlehydrate für Ihre Power, dafür kaum Fett.

 Zubereitung: einfach

 Portionen pro Rezept: 2

 Zubereitungsdauer: 30 min/40 min

 Kalorien pro Portion: 220/260

Bananen-Pudding

1 Hafer mit kalter Milch und Vollmeersalz verrühren, unter ständigem Rühren erwärmen, aufkochen lassen, ca. 2–3 min unter Rühren köcheln, Herdplatte abdrehen

2 Honig, Gewürze u. Zitronenschale in die warme Masse einrühren, abschmecken, nachquellen lassen, Banane schälen, mit einer Gabel zerdrücken, mit Zitronensaft beträufeln

3 In die ausgekühlte Masse Quark, Jogurt, Banane untermischen, in Schalen anrichten, mit Mandelblättchen garniert servieren

Zutaten:
50 g Hafer, fein gemahlen
125 g Magermilch (oder Apfelsaft)
1 Pr. Vollmeersalz
1–2 EL Honig
1 Banane
60 g Magerquark (Magertopfen)
40 g Jogurt
1 Msp. Naturvanille
1 Pr. Zimt
1 TL Zitronenschale, abgerieben
1 EL Zitrone
1 EL Mandelblättchen

I feel good–Tipp: Genießen Sie Ihren Pudding zur Abwechslung mit Fruchtsoßen aus frischem, püriertem Obst – süßen Sie nach Belieben mit etwas Honig nach. Probieren Sie auch andere Mehlsorten (Reis, Dinkel, Weizen oder Buchweizen) oder eingeweichtes Trockenobst.

Extra-Tipp:

After-Sun-Gesichtsmaske: 1 Becher Jogurt mit 2 EL Mandelöl vermischen, 20 min einwirken lassen.

I FEEL GOOD–CHECK

♡ **schön – gesund – fit:** Hafer ist das eiweiß- und fettreichste Getreide mit dem höchsten Mineralstoff- und Vitaminanteil. Es enthält besonders viel Kalzium, Mangan, Zink, Eisen, Silizium, Vitamin B$_1$ und E.

 Zubereitung: einfach

 Portionen: 2

 Zubereitungsdauer: 20 – 30 min

 Kalorien pro Portion: 245

Früchte-Milchreis

Zutaten:

100 g Natur-Rundkornreis
¼ l Magermilch
1 EL Honig
½ TL Zitronenschale
1 Pr. Naturvanille
1 Zimtstange
1 Pr. Salz
200 g Süßkirschen
1 Pfirsich
1 Kiwi
1 EL Pinien
1 EL Sesam

1 Reis in Milch mit Zitronenschale, Zimtstange und Vanille 20 min auf kleiner Flamme kochen, Salz erst gegen Ende der Kochzeit beigeben und mindestens 20 min quellen lassen

2 Kirschen waschen, entsteinen, Pfirsich überbrühen, Haut abziehen, beide Obstsorten mit einem Pürierstab mittelfein pürieren, Kiwi schälen, 2 Scheiben beiseite legen zum Garnieren, Rest in kleine Würfel schneiden und unter die Fruchtsoße mischen

3 Zum Milchreis den Honig, Pinien und Sesam zum Milchreis mischen, zwei kleine Puddingformen mit kaltem Wasser spülen, Milchreis in die Formen drücken, erkalten lassen, vorsichtig stürzen

4 Soße über den Milchreis gießen, mit einer Kiwischeibe garnieren

Extra-Tipp:

Schleckermäuler können eine größere Portion Milchreis auch als sättigende Hauptmahlzeit essen.

I feel good–Tipp: Probieren Sie auch andere Obstsorten Ihrer Wahl aus.

I FEEL GOOD–CHECK

 schön – gesund – fit: Naturreis sättigt länger als geschälter, weißer Reis, da noch alle Ballaststoffe enthalten sind. Beim Schälen von Reis gehen 90% der Vitamine und Mineralstoffe verloren.

Zubereitung: einfach

 Portionen: 2

 Zubereitungsdauer: 60 min

 Kalorien pro Portion: 410

Zutaten:

100 g Beeren, gemischt, tiefgekühlt
50 g Magerquark (Magertopfen)
80 g Jogurt
1 EL saure Sahne (Sauerrahm)
2 EL Zitronensaft
1 Pr. Zimt
1 Pr. Naturvanille
1 EL Honig oder Ahornsirup
1 EL Mohn

Beeren-Quark-Creme

① Frische Beeren waschen, Tiefkühlbeeren auftauen lassen, 1 TL Beeren zum Garnieren beiseite geben

② Restliche Zutaten – außer Mohn – mischen, Beeren in Dessertschalen anrichten, Quarkcreme darüber verteilen, je mit 1 TL Beeren und Mohn bestreuen

I feel good–Tipp: Gesichtsmaske für seidige, rosige Haut: Honig auf das Gesicht auftragen, 20 min einwirken lassen

Zutaten:

125 g Magerquark (Magertopfen)
35 g Vollkorngrieß
½ Ei
1 Msp. Naturvanille
1 TL Butter, weich
1 Msp. Zimt
1 Pr. Muskat
1 TL Honig
1 Pr. Salz
2 EL Sonnenblumenkerne
Zutaten für die Erdbeersoße:
250 g Erdbeeren, frisch/tiefgekühlt
1 Orange, Saft
1 EL Honig
1 TL Obstessig

Quarkbällchen auf Erdbeersoße

① Quark, Grieß, Ei, Vanille, Butter, Zimt, Muskat, Salz vermengen, zu einer glatten Masse rühren

② Salzwasser in einem Topf zum Kochen bringen, mit nassen Händen kleine Bällchen formen, im leicht kochenden Wasser 8 min ziehen lassen, herausnehmen, abtropfen lassen, Sonnenblumenkerne hacken

③ Erdbeersoße: Mit dem Pürierstab alle Zutaten zu einer Creme pürieren

④ Soße auf Teller verteilen, Quarkbällchen darauf geben, mit Sonnenblumenkernen bestreuen

I feel good–Tipp: Probieren Sie auch Quarkbällchen in köstlicher Mangosoße – anstelle von Erdbeeren nehmen Sie eine frische Mangofrucht.

I FEEL GOOD–CHECK

♥ **schön – gesund – fit:** Milchprodukte sind hochwertige Eiweißspender und versorgen Sie mit Kalium, Vitamin B$_2$, B$_{12}$, A und D. 125 g Magerquark enthält nur 94 kcal – „abzuarbeiten" mit 10 min heftigem Küssen oder 5 min Holz hacken.

 Zubereitung: einfach/anspruchsvoll

 Portionen pro Rezept: 2

 Zubereitungsdauer: 20 min/35 min

 Kalorien pro Portion: 115/290

G'sunder Kaiserschmarren

Zutaten:
50 g Vollkornweizenmehl
1 Pr. Vollmeersalz
1 Pr. Naturvanille
1 Pr. Zimt
TL Zitronenschale, gerieben
75 ml Vollmilch
1 EL Honig
1 Eigelb
1 Eiweiß
1 EL Rosinen
1 EL Mandeln
Kokosfett, ungehärtet – zum Backen

1. Mehl mit Gewürzen mischen, Milch und Honig darunterrühren – bis ein dickflüssiger Teig entsteht, Eigelb untermengen, 15–30 min abgedeckt quellen lassen, Mandeln hacken
2. Eiweiß steif schlagen, sofort unter den Teig heben
3. Eine flache Pfanne erhitzen, mit Kokosfett auspinseln, Teig ca. 1–2 cm dick hineinfüllen
4. Bei mittlerer bis kleiner Hitze goldbraun anbacken, wenden, andere Seite goldbraun backen
5. Gebackenen Teig in Stücke zerteilen, Rosinen und Mandeln dazugeben, 2 – 3 min weiterbacken, anrichten

I feel good–Tipp: Dazu servieren Sie fruchtiges Rhabarber-, Pflaumen- oder Kirschenkompott. Eine besonders schmackhafte Note erreichen Sie, wenn Sie den Kaiserschmarren mit Zimt, Ingwer, Piment oder geriebenen Nüssen bestreuen. Statt Milch können Sie auch Obstsäfte, Wasser, Buttermilch oder Bier verwenden.

Extra-Tipp:

Augen-Mund-Hals-Maske gegen Fältchen:
1 TL Olivenöl,
1 Eidotter, einige Tropfen Zitrone mischen, auftragen, 20 min einwirken lassen.

I FEEL GOOD–CHECK

♡ **schön – gesund – fit:** Naschkatzen können eine größere Portion Kaiserschmarrn auch als Hauptgericht verspeisen.

 Portionen: 2

 Zubereitungsdauer: 45 min

 Zubereitung: einfach

 Kalorien pro Portion: 300

Topfen-Palatschinken (Quark-Pfannkuchen)

Zutaten:

75 g Vollkorngetreide (Weizen, Dinkel, Hafer, Reis, Buchweizen oder Gerste)

1 Pr. Vollmeersalz

150 ml Flüssigkeit (Milch, Wasser, Buttermilch, Fruchtsaft oder Bier)

½ Ei

1 Pr. Naturvanille

Kokosfett, ungehärtet – zum Herausbacken

Fülle:

30 g Trockenobst

1 TL Honig

1 EL Zitronensaft

3 EL Orangensaft

25 ml Wasser

4 EL Magerquark (Magertopfen)

1 EL saure Sahne (Sauerrahm)

1 EL Rum

1 TL Zitronenschale, gerieben

1 EL Mandelsplitter

① Mehl, Salz, Vanille mischen, Flüssigkeit gut einrühren, Ei dazu geben, zugedeckt ca. 15–30 min quellen lassen – wenn der Teig zu fest ist, mit einem Schuss Mineralwasser vermischen

② Eine flache Pfanne erhitzen, dünn mit Kokosfett auspinseln, etwas Teig in die Pfanne geben, dünn verstreichen

③ Pfannkuchen goldbraun backen, wenden, warm stellen

④ Trockenobst am Vortag klein schneiden, im Wasser einweichen, Tags darauf mit den restlichen Zutaten vermengen, in die Pfannkuchen füllen, mit Mandelsplittern bestreut servieren

I feel good–Tipp: Pfannkuchen (ungefüllt) können Sie im Kühlschrank etwa 3 Tage aufbewahren, in tiefgefrorenem Zustand etwa zwei Monate. Legen Sie zwischen die einzelnen Pfannkuchen Pergamentpapier – dies verhindert ein Aneinanderkleben.

I FEEL GOOD–CHECK

♡ **schön – gesund – fit:** Probieren Sie diese Fülle auch mit Hüttenkäse anstelle von Quark oder geben Sie klein geschnittene Früchte der Saison in die Quarkfülle – so erhalten Sie eine sehr vitamin- und mineralstoffreiche Nach- oder Hauptspeise.

 Zubereitung: anspruchsvoll

 Portionen: 2

⏲ **Zubereitungsdauer:** 50 min

💡 **Kalorien pro Portion:** 350

Fitness-Bananen-Gratin

1. In einer Pfanne Rosinen mit Butter 2–3 min anbraten, Dinkelvollkornmehl in einer Schüssel mit Ei, Quark, Jogurt, Honig, Naturvanille, Zimt, Ingwer und Zitronenschale vermengen
2. Bananen, schälen, in ½ cm dicke Scheiben schneiden, Apfel waschen, Kerngehäuse entfernen, in dünne Scheiben schneiden, beides mit Zitronensaft vermischen
3. Obst und Rosinen unter die cremige Masse heben, Auflaufform mit Öl einpinseln, Masse einfüllen, bei 150 °C 30 min vorbacken
4. Mandeln mit Vollkornroggenmehl, Honig, Zimt, Butter vermengen, über dem Auflauf verteilen, bei 200 °C 15 min fertig backen

Zutaten:
15 g Rosinen
1 TL Butter
15 g Dinkelvollkornmehl
1 Ei
50 g Magerquark (Magertopfen)
50 g Jogurt
1 EL Honig
1 Msp. Naturvanille
1 Pr. Zimt
1 Pr. Ingwer
2 Bananen
1 Apfel, klein
1 EL Zitronensaft
1 TL Zitronenschale, gerieben
Streusel:
20 g Mandeln (oder Haselnüsse), gerieben
15 g Vollkornroggenmehl
1 EL Honig
1 EL Butter
1 Pr Zimt

I FEEL GOOD–CHECK

♡ **schön – gesund – fit:** Gesichtspackung: 2 Eidotter, 3 EL Mandelöl mit Mixer vermischen, 1 reife Banane zerdrücken, dazugeben, 25 min einwirken lassen

 Zubereitung: einfach

 Portionen: 2

 Zubereitungsdauer: 1 Std

 Temperatur – Backen: 150–200 °C (Umluft 130–180 °C)

 Kalorien pro Portion: 460

Vollkornbrot-Pudding

Zutaten:

- 40 g Vollkornbrot, altbacken
- 20 g Pflaumen (Zwetschken), getrocknet
- 10 g Haselnüsse
- 20 g Apfel
- 70 ml Milch
- 40 g Magerquark (Magertopfen)
- ½ Ei
- 1 EL Honig
- 1 TL Zitronenschale, gerieben
- 1 TL Orangenschale, gerieben
- 1 Pr. Zimt
- 1 Pr. Ingwer
- 1 Pr. Naturvanille
- Kokosfett, ungehärtet – für die Form

1. Backofen auf 180 °C vorheizen, Vollkornbrot und Trockenobst in kleine Würfel schneiden, Apfel waschen, Gehäuse entfernen, in kleine Würfel schneiden, Nüsse grob hacken, alles vermengen
2. Milch, Quark, Ei, Honig, Zitronen-, Orangenschalen, Zimt, Ingwer, Naturvanille mit dem Mixer cremig rühren
3. Kleine Formen einfetten, die Masse einfüllen, mit der Quarkcreme übergießen, ca. 20 min backen
4. Pudding aus den Formen stürzen, mit etwas geriebener Orangenschale bestreuen und warm servieren

Extra-Tipp:

Vollkornbrot muss – laut Gesetzgeber – mindestens 90% Vollkornmehl enthalten. Greifen Sie öfters zu Vollkornbrot, denn in den Randschichten und dem Keimling des Getreidekorns sitzen die wertvollsten Nährstoffe, Vitamine und Mineralstoffe.

I feel good–Tipp: Füllen Sie Ihre Puddingformen nur ²/₃ voll, weil die Masse noch aufgeht und somit der Pudding nicht überlaufen kann.

I FEEL GOOD–CHECK

 schön – gesund – fit: Der hohe Ballaststoffanteil in Vollkornbrot und Trockenfrüchten sorgt durch die lange anhaltende Sättigung für eine „natürliche Gewichtsregulation". Auch die Darmtätigkeit wird gefördert und somit Verstopfung vorgebeugt.

Zubereitung: einfach

 Portionen: 2

 Zubereitungsdauer: 50 min

 Temperatur – Backen: 180 °C (Umluft 160 °C)

 Kalorien pro Portion: 280

Bananen-Kokos-Napfkuchen (Guglhupf)

Zutaten:
50 g Honig
100 g Butter
150 g Magerquark (Magertopfen)
4 Bananen, reif
2 Eier
1 Pr. Zimt
1 Pr. Naturvanille
3 TL Weinsteinbackpulver
200 g Dinkelvollkornmehl
100 g Weizenvollkornmehl
100 g Kokosflocken
1 EL Rum
Kokosfett, ungehärtet – für die Form
1 EL Sesam

1. Backofen auf 180 °C vorheizen, Kuchenform ausfetten, mit Sesam ausstreuen, Bananen schälen, zerdrücken
2. Mit dem Mixer Butter mit Quark gut verrühren, Honig, Eier, Rum, Gewürze und mit Backpulver vermischtes Mehl, Kokosflocken und Bananen gründlich dazurühren
3. Kuchenform füllen, etwa 1 Std. backen

I feel good–Tipp: So prüfen Sie, ob Ihr Kuchen gar ist: Mit einem Holzstäbchen einstechen, bis kein Teig mehr daran klebt.

Tipp zum Honig abwiegen: Geben Sie etwas Pflanzenöl in ein Gefäß – dann können Sie nach dem Abwiegen den Honig wieder gut ausgießen.

Extra-Tipp:
Anstelle von Kokos können Sie auch Haselnüsse oder Samen, wie beispielsweise Sonnenblumenkerne, dazugeben.

I FEEL GOOD–CHECK

 schön – gesund – fit: Weinsteinbackpulver enthält natürliche Weinsteinsäure – im Gegensatz zu herkömmlichem Backpulver, das Phosphorsäure enthält, welche bei empfindlichen Personen zu Unverträglichkeiten – wie Sodbrennen – führen kann.

Zubereitung: einfach

 Portionen: 1 Gugelhupf

 Zubereitungsdauer: 1 Std. 15 min

 Temperatur – Backen: 180 °C (Umluft 160 °C)

 Kalorien pro Portion: 280

Pflaumenkuchen (Zwetschkenkuchen)

Zutaten:

Teig:
- 100 g Butter, weich
- 80 g Magerquark (Magertopfen)
- 100 g Honig
- 1 Pr. Salz
- 1 Zitronenschale, abgerieben
- ½ TL Naturvanille
- 4 Eier
- 200 g Weizenmehl
- 100 g Mandeln, gemahlen
- 1 Msp. Piment
- 1 Msp. Zimt
- ½ Päckchen Weinsteinbackpulver
- ca. 150 ml Milch

Belag:
- 50 g Mandelblättchen
- 1 TL Zimt
- 300 g Pflaumen (Zwetschken)

Für die Form:
- Kokosfett, ungehärtet (oder Butter)
- 1 EL Sonnenblumenkerne

1. Butter, Quark, Honig, Salz, Naturvanille, Zitronenschale mit einem Mixer schaumig rühren, Eier nacheinander kurz unterrühren, Mehl mit Backpulver, Piment, Zimt, Mandeln vermischen und zur Butter-Quark-Masse rühren, die Milch nach und nach zugeben – bis der Teig schwerreißend von den Mixerquirlen fällt

2. Springform mit 26 cm ⌀ einfetten, Sonnenblumenkerne einstreuen, Teig einfüllen, glatt streichen, beiseite stellen

3. Pflaumen waschen, entsteinen, halbieren, auf den Teig legen, Mandelblättchen und Zimt darüberstreuen

4. In den kalten Backofen auf die unterste Schiene stellen, bei 175 °C (Umluft 150 °C) 1½ Std backen

5. Kuchen nach 10 min aus der Form lösen und abkühlen lassen

I feel good–Tipp: Schlagen Sie die Eier zuerst in einer kleinen Schüssel auf, um deren Frische zu kontrollieren. Ein Ei gilt als verdorben, wenn es unangenehm riecht und Dotter mit Eiweiß ineinader verschwimmen.

I FEEL GOOD–CHECK

 schön – gesund – fit: Unser Pflaumenkuchen ist eine gesunde Alternative zu Cremetorten und lässt sich ausgekühlt auch problemlos einpacken und an den Arbeitsplatz mitnehmen.

Zubereitung: einfach

 Portionen: 1 Kuchen mit 26 cm ⌀

 Zubereitungsdauer: 1 Std. 50 min

 Temperatur – Backen: 175 °C (Umluft 150 °C)

 Kalorien pro Portion: 275

Quark-Frucht-Torte

	Zutaten:
	Teigboden:
	25 g Butter
	125 ml Milch
	40 g Honig
	20 g Hefe (Germ)
	150 g Dinkelvollkornmehl
	100 g Weizenvollkornmehl
	1 Pr. Salz
	1 Ei
	50 g Haselnüsse, grob gehackt
	Kokosfett, ungehärtet
	Füllung:
	2 Eier
	400 g Magerquark (Magertopfen)
	30 g Honig
	1 TL Naturvanille
	½ TL Zimt
	½ TL Piment
	400 g Äpfel (oder anderes Obst der Saison)
	60 g Reismehl (oder andere Getreidesorten)
	1 Pr. Meersalz
	2 TL Milch

1. Milch, Butter, Honig leicht erwärmen, Hefe darin auflösen, zum Weizenmehl geben, weiters Salz und 1 Ei dazugeben, ca. 10 min zu einem geschmeidigen Teig kneten, abgedeckt an einem warmen Ort ca. 30 min gehen lassen
2. Äpfel waschen, Gehäuse entfernen, grob reiben, 2 Eidotter, Quark, Honig und Gewürze mit einem Mixer schaumig schlagen, Äpfel mit Reismehl unter die Quarkmasse rühren
3. 2 Eiweiß mit 1 Pr. Salz steif schlagen, unter die Masse heben
4. Hefeteig mit Haselnüssen verkneten, Teig auf der gefetteten Springform ausrollen, einen 3 cm hohen Rand hochziehen
5. Apfel-Quark-Masse auf dem Teig in der Springform verteilen, mit Milch bepinseln
6. Kuchen bei 200 °C ca. 70 min backen

I feel good–Tipp: Eischnee möglichst schnell verarbeiten. Wenn er trotzdem zusammen gefallen ist, geben Sie ein paar Spritzer Zitronensaft bei und schlagen ihn erneut kurz auf.

I FEEL GOOD–CHECK

♡ **schön – gesund – fit:** Quark ist leicht verdaulich und enthält biologisch hochwertiges Eiweiß, Kalzium und Phosphor. Köstlich schmeckt dieser Kuchen auch mit Birnen, Pflaumen, Aprikosen oder Pfirsichen

 Zubereitung: anspruchsvoll

 Portionen: 1 Torte mit 26 cm ⌀ (12 Portionen)

 Zubereitungsdauer: 2 Std.

 Temperatur – Backen: 200 °C (Umluft 180 °C)

 Kalorien pro Portion: 215

Orangenkuchen

Zutaten:

Teigboden:
200 g Dinkelvollkornmehl
50 g Honig
50 g Butter
100 g Quark (Topfen)
1 Pr. Salz
1 Msp. Naturvanille
2 EL Wasser
Kokosfett, ungehärtet – für die Form

Belag:
2 Eier
70 g Honig
250 g Magerquark (Magertopfen)
2 Orangen (Saft und Schale)
1 Pr. Naturvanille
100 g Haselnüsse, gerieben

1. Backofen auf 180 °C vorheizen, Springform mit 26 cm ⌀ einfetten
2. Mehl mit Butter, 100 g Qark, Honig und Gewürzen zu einem geschmeidigen Teig verkneten
3. Wenn der Teig zu trocken ist, noch etwas Wasser zugeben, Teig 30 min kühl stellen
4. Teig nochmals durchkneten, auf der Springform ausrollen, einen 3 cm hohen Rand hochziehen, ca. 10–15 min vorbacken
5. Orangenbelag: Eier mit Honig schaumig schlagen, Quark, Orangensaft und -schale, Gewürze nach und nach zugeben, geriebenen Nüsse unterheben
6. Orangen-Quark-Masse auf vorgebackenen Teigboden streichen, weitere 20 min fertigbacken

Extra-Tipp:

Kokosfett hat einen nussartigen Geschmack und eignet sich zum Backen und Braten bei hohen Temperaturen – sollte aber nicht über 180 °C erhitzt werden. Ideal auch zum Einfetten von Backblechen.

I feel good–Tipp: Dieser Kuchen schmeckt auch mit Zitronen hervorragend.

I FEEL GOOD–CHECK

♡ **schön – gesund – fit:** Die Orangen sollten unbehandelt – also aus kontrolliert biologischem Anbau – sein. Ihrer Gesundheit zuliebe sollten diese trotzdem gründlich gereinigt werden, da sich Stoffe wie Blei an der Hautoberfläche ansetzen.

 Zubereitung: anspruchsvoll

 Portionen: 1 Kuchen mit 26 cm ⌀ (12 Portionen)

 Zubereitungsdauer: 1 Std. 20 min

 Temperatur – Backen: 180 °C (Umluft 160 °C)

 Kalorien pro Portion: 225

G'sunde Karotten-Nuss-Torte

Zutaten:
220 g Karotten
100 g Haselnüsse, gemahlen
100 g Mandeln, gemahlen
160 g Honig
4 Eier
3 EL Wasser, kalt
100 g Weizenvollkornmehl
1 TL Weinsteinbackpulver
1 Pr. Salz
2 TL Zitronensaft
1 TL Zitronenschale
1 TL Naturvanille
TL Ingwer
1 Pr. Muskatnuss
1 Schuss Rum – nach Belieben
Kokosfett zum Einfetten

1 Eine Springform mit 26 cm ⌀ einfetten, Karotten schälen, fein raspeln, mit Zitronensaft und -schale vermischen, Eier trennen, Eidotter mit 3 EL kaltem Wasser schaumig rühren, Honig langsam dazu fließen lassen, Mehl mit Nüssen, Gewürzen und Backpulver vermischen, unter die Dottermasse rühren

2 Karotten untermengen, Eiweiß steif schlagen, vorsichtig unterheben

3 Masse in die Springform füllen, bei 180 °C etwa 50 min backen

I feel good–Tipp: Machen Sie die Garprobe mit dem Holzstäbchen – es darf kein Teig mehr am Stäbchen haften bleiben.

I FEEL GOOD–CHECK

 schön – gesund – fit: Karotten enthalten vor allem viel Vitamin A und das seltene Spurenelement Selen. Der hohe Gehalt an B-Vitaminen in Nüssen ist Balsam für die Nerven und unterstützt wichtige Gehirnfunktionen.

Zubereitung: einfach

 Portionen: 1 Torte mit 26 cm ⌀ (12 Portionen)

 Zubereitungsdauer: 1 Std. 15 min

 Temperatur – Backen: 180 °C (Umluft 160 °C)

 Kalorien pro Portion: 215

Italienischer Panettone

Zutaten:

- 200 g Dinkelvollkornmehl
- 200 g Weizenvollkornmehl
- 100 g Roggenvollkornmehl
- 1 Würfel Hefe (Germ)
- 70 g Honig
- ³/₈ l Magermilch, lauwarm
- 100 g Butter
- 2 Eier
- 2 Eidotter
- 1 TL Naturvanille
- 1 TL Vollmeersalz
- 2 Orangen
- 2 Zitronen
- 150 g Pflaumen (Zwetschken), getrocknet
- 100 g Rosinen
- 200 g Walnüsse
- Kokosfett, ungehärtet
- etwas Mehl – zum Bestreuen

1. Mehl mischen, eine Mulde machen, ca. die Hälfte der Milch hineingeben, Hefe hineinkrümeln, etwas auflösen lassen, verrühren, restliche Milch mit Butter etwas erhitzen, zum Teig geben, Eier, Eidotter, Honig und Gewürze zufügen, mit einem Mixer/Knethacken oder mit der Hand ca. 10 min durchkneten

2. Teig zugedeckt bei Zimmertemperatur ca. 1 Std. aufgehen lassen – bis sich das Volumen verdoppelt hat

3. In der Zwischenzeit Orangen- und Zitronenschale abreiben, Pflaumen, Rosinen und Walnüsse grob hacken, alles unter den Teig kneten

4. Eine hohe Form (ca. 2 l Inhalt) einfetten, mit Mehl ausstreuen, Teig einfüllen, zugedeckt weitere 30 min aufgehen lassen

5. In den kalten Backofen stellen, bei 180 °C (Umluft 160 °C) 30 min backen

6. Ofen auf 160 °C (Umluft 150 °C) zurückschalten und noch etwa 1½ Std. backen, Kuchen herausnehmen, ca. 10 min auskühlen lassen, auf ein Kuchengitter stürzen

> *I feel good*–Tipp: Panettone ist ein italienischer Kuchen, der an den Weihnachtsfeiertagen zum Frühstück gegessen wird.

I FEEL GOOD–CHECK

♡ **schön – gesund – fit:** Ob Sie Vollzucker, Honig, Birnendicksaft, Ahornsirup oder weißen Zucker verwenden – allen ist ein hoher Zuckeranteil gemeinsam. Versuchen Sie schrittweise Ihre Süßschwelle zu senken und immer weniger Süßmittel zu verwenden.

 Zubereitung: anspruchsvoll

 Portionen: 1 Kuchen (16 Portionen)

 Zubereitungsdauer: 3 Std. 45 min

Temperatur – Backen: 180 °C (Umluft 160 °C)

 Kalorien pro Portion: 330

Mohnkuchen

Zutaten:

Teig:
500 g Weizenmehl
1 Würfel Hefe (Germ)
100 ml Magermilch, lauwarm
100 g Honig
3 Eier
1 Pr. Salz

Füllung:
80 g Pflaumen (Zwetschken), getrocknet
80 g Aprikosen (Marillen), getrocknet
5 EL Rum
150 ml Magermilch
100 g Mohn
50 g Honig
100 g Walnüsse, gehackt
1 TL Naturvanille
½ TL Ingwer
Kokosfett, ungehärtet
Streumehl

1. Aprikosen und Pflaumen klein schneiden, über Nacht in Rum einweichen
2. Mehl in eine Schüssel geben, 100 ml lauwarme Milch dazugeben, darin Hefe auflösen, Honig, Eier, Salz dazu mischen, zu einem geschmeidigen Teig verkneten, an einem warmen Ort nicht zugedeckt 40 min aufgehen lassen
3. 150 ml Milch zum Kochen bringen, gemahlenen Mohn beifügen, 10 min quellen lassen, Honig, Walnüsse, eingeweichte Aprikosen und Pflaumen, Gewürze beimengen
4. Gegangenen Teig durchkneten, mit Mohnmasse vermengen, eine beliebige Kuchenform ausfetten, mit Mehl bestäuben, Teigmasse einfüllen, 30 min aufgehen lassen
5. Bei 200 °C 50 min backen, abkühlen lassen, aus der Form stürzen

---

I FEEL GOOD–CHECK

 schön – gesund – fit: Weizenmehl-Gesichtsmaske gegen überempfindliche Haut: 2 EL Weizenmehl mit etwas Jogurt mischen, einige min quellen lassen, auftragen und 20 min einwirken lassen

 Zubereitung: einfach

 Portionen: 1 Kuchen (12 Portionen)

 Zubereitungsdauer: 2 Std. 15 min

 Temperatur – Backen: 200 °C (Umluft 180 °C)

 Kalorien pro Portion: 350

Waldviertler Mohnzelten

1. Backofen vorheizen, Kartoffeln kochen, schälen, auskühlen lassen, reiben, mit Mehl, Butter, Eiern, Sahne, Salz und Backpulver rasch zu einem geschmeidigen Teig verkneten – etwas ruhen lassen
2. Für die Fülle Mohn, Zucker, Butter, Vanillezucker, Zimt und etwas Rum mit dem Mixer verühren
3. Aus dem Teig einen Knödel formen, auseinander drücken, einen Löffel Fülle darauf geben, Knödel schließen
4. Knödel breit drücken (ca. 1 cm hoch und 8 cm ⌀), mit der Verschlussseite nach unten auf das heiße Backblech legen, Oberseite einige Male mit einer Gabel einstechen
5. Bei 200 °C 15 min auf der einen Seite, dann wenden und 10 min auf der anderen Seite backen – die Mohnzelten blasen sich zwischendurch auf, werden dann aber wieder flach

Zutaten:
Teig:
250 g Mehl, glatt
250 g Vollkornmehl
300 g Kartoffeln, mehlig
300 g Butter
2 Eier
2 EL saure Sahne (Sauerrahm)
Salz
1 TL Backpulver
Füllung:
200 g Graumohn, gerieben
20 g Zucker (oder Honig)
10 g Butter
1 Pkg. Vanillezucker
Zimt
etwas Rum

I FEEL GOOD–CHECK

♡ **schön – gesund – fit:** Dies ist eine Spezialität aus dem Waldviertel, wo viele verschiedene Mohnsorten angebaut werden. Wir haben die Mohnzelten etwas „vollwertiger" – nämlich mit Vollkornmehl – zubereitet, damit diese weniger sündig sind. Mohn enthält das Vital-Vitamin E.

Zubereitung: anspruchsvoll
Portionen: ca. 16 Stück
Zubereitungsdauer: 1 Std. 30 min
Temperatur – Backen: 200 °C (Umluft 180 °C)
Kalorien pro Portion: 415

Schoko-Frucht-Fondue

Zutaten:

200 g Früchte, frisch (z. B. Beeren, Bananen, Birnen, Orangen, Ananas)

100 g Milchschokolade

1 TL Naturvanille

¼ TL Orangenschale

100 g Sahne

100 g Gebäck, fest, trocken (Kekse, Waffeln)

Schokoladenstreusel

Kokosraspel

Krokantstreusel

1. Früchte schälen, waschen, putzen, in mundgerechte Stücke schneiden, Schokolade hacken, Sahne mit Vanille und Orangenschale aufkochen
2. Schokolade in der Sahne schmelzen, Fondue in einem Topf auf ein Stövchen mit Teelicht geben
3. Früchte und Gebäck aufspießen, in die Schokolade eintauchen, nach Belieben in Streusel oder Kokosraspel wälzen und genußvoll verzehren

Extra-Tipp:

Genießen Sie dieses Dessertfondue in Gesellschaft und laden Sie Gäste zum Fondue-Abend ein! Übrigens: Kinder mögen Marshmallows!

I feel good–Tipp: Ein Drittel der Sahne können Sie durch Kompottsaft oder Fruchtsaft ersetzen, und ein Schuss Alkohol oder Kaffee sorgt für ein besonderes Geschmackserlebnis.

I FEEL GOOD–CHECK

 schön – gesund – fit: Laut der University of Arizona sind 15 % der Männer und sogar 40% der Frauen „Schokoholiker". Aber in Schokolade steckt neben anderen positiven Inhaltsstoffen auch noch Kupfer – das u. a. die Bakterienabwehr aktiviert.

 Zubereitung: einfach

 Portionen: 2

 Zubereitungsdauer: 15 min

 Kalorien gesamt: 750

Schoko-Rum-Stangen

Zutaten:
250 g Schokoladekekse, zerbröselt
250 g Trockenobst, gemischt
125 g Mandeln, gehackt
½ TL Naturvanille
120 g Butter
125 ml Milch
1 Ei
1 TL Zimt
3 EL Rum
125 g Zartbitterschokolade
Alufolie
Kokosfett, ungehärtet – für die Form

1. Eine längliche Kuchenform mit Alufolie auskleiden
2. Trockenobst schneiden, Kekse zerbröseln
3. In einer Schüssel Keksebrösel, Trockenobst und Mandeln mischen
4. Butter bei niedriger Temperatur in Milch schmelzen lassen, vom Herd nehmen, Ei, Zimt, Rum dazu rühren
5. Buttermischung mit Kekse-Obst-Mix vermengen, Masse in der Form verteilen
6. Schokolade in einer Glasschüssel im Wasserbad schmelzen, vom Herd nehmen, gleichmäßig auf der Masse verteilen
7. Im Kühlschrank nicht zugedeckt fest werden lassen, in Stangen schneiden

I feel good–Tipp: Unsere leckeren Stangen schmecken nicht nur zur Weihnachtszeit – genießen Sie diese – in Maßen – das ganze Jahr über!

I FEEL GOOD–CHECK

 schön – gesund – fit: Schokolade ist nicht nur „sündig", sondern – vor allem dunkle Schokolade – enthält viele Antioxidantien. Schokoholiker finden Gleichgesinnte im Internet unter www.chocoholic.com

 Zubereitung: einfach

 Portionen: 10 Stangen

 Zubereitungsdauer: 20 min

 Kalorien pro Portion: 450

Register

Ägyptisches Auberginen-Püree 61
Ananas-Reis-Salat 82
Apfelmus 198
Avocado-Guacamole 84
Bananen-Curry 62
Bananen-Kokos-Napfkuchen
   (Guglhupf) 209

Bananen-Pudding 201
Beeren-Frischkost 54
Beeren-Quark-Creme 204
Blumenkohl di Napoli 118
Broccoli-Mozzarella-Gratin 124
Bunte Paella 174
Bunter Hühner-Reis-Auflauf 151

Caponata 190
Chinesischer Spinat mit Ingwersoße
   187

Datteln mit Quarkfülle 199

Eierschwammerlgulasch 118
Erdäpfel-Kas 58
Erdbeeren mit Zitronen-Himbeer-
   Sirup 196
Erdbeer-Mohn-Topfen-Speise 52
Erdnuss-Dip 88
Exotische Avocadosuppe on the
   rocks 98
Exotische Garnelen 110
Exotisches Schweinefleisch im Wok
   158

Feel good-Weckerl 66
Fit-Brot für Eilige 64
Fitness-Bananen-Gratin 207
Fitness-Spargel 108
Fit-Shake 53
Foie de volaille (Geflügelleber) 153
Folienforelle mit würziger Kapern-
   soße 165
Forelle auf Gemüsebett 164
Französischer Linsensalat 80
Französisches Huhn aux légumes 150
Französisches Rindsragout 157

Früchte-Milchreis 202

G'sunde Karotten-Nuss-Torte 213
G'sunde Spinat-Palatschinken (Pfann-
   kuchen) 133
G'sunder Kaiserschmarren 205
Gemüse-Couscous 130
Geschnetzeltes mit Pute 152
Gnocchi mit mediterraner Soße 106
Gnocchi, hausgemachte 104
Gorgonzola-Dip 89
Gourmet-Gemüse-Pizza 126
Gratin mit bunten Früchten 200
Griechische Bohnen 188
Griechische Jogurtnudeln 141
Griechische Knoblauchcreme 60
Griechische Zitronensuppe 96
Griechisches Mussaka 120
Griechisches Zitronen-Knoblauch-
   Huhn 148
Guacamole Light 84

Haifisch con piselli 177
Himbeeren auf Weinschaumsoße 199
Hirse-Fit-Salat 78
Hühnchen cacciatore 149
Hüttenkäse, fruchtiger 49
Hüttenkäse-Nudelauflauf 143

I feel good-Avocado 109
I feel good-Light-Aufstrich 57
Irisches Brot 64
Italienischer Panettone 214

Japanische Reishäppchen: Sushi 181

Kabeljau mit Gemüsesoße 166
Kalamari ripieni mit 2 Füllungen 179
Kalamari ripieni mit Rucolafüllung 180
Kalbsschnitzel in Zitronensoße 156
Kalte Sommersuppe Pomodoro 98
Kartoffel-Kürbis-Püree,
   gebackenes 189
Kartoffel-Lauch-Auflauf 125
Kartoffelpizza al Tonno 136
Kartoffelpüree-Variationen 193

Kartoffelsüppchen, scharfes 101
Kichererbsensuppe mit Spinat 93
Knoblauch mit Broccoli, gerösteter 188
Knoblauch-Dip 89
Knoblauch-Kartoffeln 192
Kokos-Röst-Müsli 48
Körndl-Brot 68
Kürbiscreme 197
Kürbiscremesuppe 92
Kürbis-Gnocchi 105
Kürbis-Kartoffel-Strudel 132
Kürbis-Reis-Pfanne 138

Kürbissalat-Orangerie 72
Lammcurry mit Sommergemüse 160
Lasagne mit Thunfisch 170
Lauchkuchen 121
Lauchsuppe mit Kresse 100
Light-Supperl mit Knoblauch 100
Liptauer-Light 57

Maiscreme-Dessert 200
Makrelen à la Provence 167
Marmelade aus Trockenfrüchten 56
Marokkanisches Lamm 161
Mediterrane Fettuccine 176
Mediterrane Nudeln mit Mozzarella &
   Oliven 141
Mediterraner Kalbfleischtopf 154
Mediterraner Nudelsalat 77
Mediterranes Okra-Gemüse 119
Mohnkuchen 216
Muscheln, überbackene 111

Nudel-Gemüse-Frittata 142
Nudeln, hausgemachte 140

Obst-Vitaminbombe 198
Okra-Reis-Gratin 139
Oliven-Ei-Aufstrich 63
Oliven-Knoblauch-Brot 69
Orangenkuchen 212
Orientalische Jogurt-Suppe 94
Orientalischer Kürbis-Dip 85

Paradeisketschup 86
Patate al Pizzaiolo 113
Peperonata 190
Pflaumenkuchen (Zwetschkenku-
   chen) 210
Power-Jogurt 49

Quarkbällchen auf Erdbeersoße 204
Quark-Frucht-Creme 52
Quark-Frucht-Torte 211

Risotto con verdura 134
Rohkost-Aufstrich 59
Römischer Mangold 186
Rotbarbe mit Zitronengras 168
Rote-Linsen-Suppe 96

Salat `a la Sardegna 81
Salat Fit & Fun 75
Salat Vitamina 74
Santa-Fe-Pesto 88
Schoko-Frucht-Fondue 218
Schoko-Rum-Stangen 220
Seezunge auf Mangold 169
Sesam-Birnen 196
Sesam-Kartoffeln 192
Shrimps mit Ingwer und Gemüse 172
Sizilianischer Meeresfrüchtetopf 173
Sommersalat, fruchtiger 73
Spagetti alle vongole 178
Spanischer Spinat mit Pinienkernen
   185
Spinat-Buttermilch-Supperl 97
Spinat-Risotto 137
Spinatsalat Biogarten 76
Spinattorte 122
Steirische Kürbiskern-Creme 60
Strudelteig hausgemacht 128

Thunfischsteaks 171
Topfen-Lasagne 144
Topfen-Palatschinken (Quark-Pfannku-
   chen) 206
Türkische Patates 112
Türkischer Spinat mit Jogurt 184

Vitaminaufstrich, fruchtiger 56
Vitaminbomben-Salat 50
Vitaminmix-Strudel 129
Vollkornbrot-Pudding 208
Vollkorn-Gemüse-Lasagne 145

Waldviertler Mohnzelten 217
Weizen-Rettich-Salat 79

Zucchini, gefüllte 117
Zucchini-Curry 116
Zwiebel-Kräuter-Brot 65

Die Autorinnen

Mag. Angela Nowak, Jahrgang 1966, absolvierte in Wien das Studium der Publizistik- und Kommunikationswissenschaft sowie das Studium der Politikwissenschaft und ist seitdem als freiberufliche Journalistin bei verschiedenen Zeitschriften tätig. Ihre Schwerpunktthemen sind Gesundheit, Ernährung, Fitness und Lifestyle.
Nach einer Zeit der erfolglosen Diäten, während der sie immer wieder „drei Kilogramm abnimmt, aber fünf wieder dazu gewinnt", stellte sie ihre Ernährung komplett um auf die mediterrane, vegetarische, vollwertige *I feel good*–Küche und befreite sich so mit einem zusätzlichen Bewegungsprogramm von überflüssen 25 Kilo Körpergewicht. Während der Gewichtsabnahme verzichtete sie nicht auf den Genuss von Schokolade! Ihre eigene Erfolgsgeschichte ist die Botschaft, dass man auch „mit Schokoloade essen" schlank, gesund und fit werden und bleiben kann.

Susanne Tröstl, Jahrgang 1961, ist diplomierte Gesundheitstrainerin für „Ernährung" „Neue Lebensstile" und „Das UBG-Abnehmprogramm" (UGB Deutschland), staatlich geprüfte Fit-Lehrwartin und Personal Trainerin. Nach einigen Jahren Tätigkeit als Fitnesstrainerin in verschiedenen renommierten Fitnessstudios wurde sie selbstständige Personal-Fitness- & Ernährungstrainerin und spezialisierte sich auf individuelles Einzeltraining. Zu ihren Tätigkeiten zählen auch Seminare, Vorträge und Kochkurse in Theorie und Praxis. Weiters veranstaltet sie *I feel good*–Urlaube und vermittelt dabei den Teilnehmern das nötige Know-how und die Motivation. Mehr drüber erfahren Sie unter http://www.ifeelgood.at.

SCHLANK trotz SCHOKOLADE

Lüften Sie mit der ehemals molligen Gesundheitsjournalistin Angela Nowak und der bekannten Fitness- & Ernährungs-Trainerin Susanne Tröstl das *I feel good*–Geheimnis des gleichnamigen Buches. Es werden keine Verbote ausgesprochen, auch Schokolade essen und Wein trinken sind erlaubt.

Die *I feel good*–Erfolgsformel eröffnet auch Ihnen den Weg zu Ihrem Wohlfühlgewicht:

- Das *I feel good*–Ernährungstraining
- Das *I feel good*–Bewegungstraining
- Das *I feel good*–Mentaltraining

Erhältlich im Buchhandel oder im Internet
www.ifeelgood.at
256 Seiten öS 349,–, DM 47,80, sfr 44,50
(ISBN 3-7015-0417-2)

„Über die zahlreichen Trainingstipps bin ich besonders froh, da wir neben dem Geist auch den Körper fit halten müssen, denn wir haben nur den einen!"

Uwe Kröger

„Die gesunden Ernährungs- und Bewegungstipps der Autorinnen zum Erlangen Ihrer individuellen *I feel good*–Figur kann ich Ihnen mit gutem Gewissen empfehlen."

Barbara Wussow

Mehr Informationen zum Buch „Das *I feel good*–Geheimnis – Ihr persönlicher Weg zum Wohlfühlgewicht" können Sie im Internet unter www.ifeelgood.at nachlesen.